Jan Eik

DDR-Deutsch

Jan Eik

DDR-Deutsch

Eine entschwundene Sprache

Jaron Verlag

Originalausgabe
2. Auflage 2018

www.jaron-verlag.de
Satz: LVD GmbH, Berlin
Druck und Bindung: CPI books GmbH, Leck

ISBN 978-3-89773-853-9

Inhalt

DDR-Deutsch
Ein abgeschlossenes Sammelgebiet

Philatelisten schätzen abgeschlossene Sammelgebiete. Die dahingegangene DDR ist ein solches. Auch für Linguisten?

Die Sprache des kleinen Landes hatte im Verlauf von vier Jahrzehnten eine gewisse Eigendynamik entwickelt und unterschied sich in vielerlei Hinsicht vom Deutsch der restlichen Welt. Der Wortschatz konservierte Altväterliches aus Partei-, Amts- und Diplomatensprache, dazu kamen Anleihen aus der offiziell verpönten Sprache des Nationalsozialismus und beim Sowjet-Neusprech und schließlich die Einbeziehung oder umständliche Übersetzung von Begriffen der modernen Technik und Lebenswelt. Herkömmliche Wörter veränderten ihre Bedeutung oder erstarrten zu bloßen Worthülsen. Neben der zum Feierlich-Pathetischen wie zum semantischen Leerlauf neigenden Sprache der Diktatur mit ihren auffälligen Substantivierungen und Genitivhäufungen sorgte eine vermeintliche, weil zumeist falsch verstandene »Verwissenschaftlichung« dafür, dass die einfachsten Begriffe zu buchstabenreichen Unwörtern aufgebläht wurden. Eigenschöpfungen ersetzten gebräuchliche oder *ideologisch* anrüchige Wortbedeutungen, die grassierende Abkürzungswut drang weit in den Alltag vor. Aus Arbeitern und Angestellten wurden erst *Berufstätige,* dann *Werktätige* und schließlich die Rechengröße *Vollbeschäftigteneinheit (VbE).*

Dabei war die eigenwillige Sprache jenes *zänkischen Bergvolks am Rande des Großchinesischen Reiches,* wie ein in der DDR weitverbreiteter Witz die Landesbewohner charakterisierte, keineswegs ein einheitliches Verständigungsmittel. Dazu unterschied sich der salbungsvoll-schwülstige Duktus des offiziellen Partei- und Staatsjargons mit seiner gestelzten Wortwahl und den gewollt *volkstümlichen* Ausuferungen allzu beträchtlich von der ironisch-gewitzten, vom Volksmund wie von Satirikern und Kabarettisten ständig ergänzten tatsächlichen Umgangssprache – vom zunehmend westlich beeinflussten Idiom der Jugend ganz abgesehen.

Dieses kleine Buch, das weder einen sprachwissenschaftlichen noch den Anspruch auf Vollständigkeit erhebt, soll einen Eindruck vom – zu Recht? – fast vergessenen Sprachkonglomerat DDR-Deutsch mit seinen differierenden und divergierenden Aspekten vermitteln, ohne dem nostalgischen wie dem verwunderten Leser einen Schrecken einzujagen. Dass dem Verfasser manche subjektive Bewertung unterläuft, mag man ihm ankreiden – erfunden hat er die Begriffe und Formulierungen nicht.

Vielleicht, und das ist die größte Hoffnung des Autors, regt der Text dazu an, über gegenwärtige Sprachsünden nachzudenken. Die Wörter und Unwörter, die jedes Jahr gewählt werden, laden dazu ein.

Das Territorium der DDR und der verwirrte Klassenfeind
Abgrenzung und Kommunikation

Gab es tatsächlich eine eigene Sprache in dem kleinen Land zwischen Rügen und Fichtelberg, in dem die Rhetorik zu den Geheimwissenschaften zählte und Sächsisch trotz verbindlichem Ausspracheduden als Hochsprache der Funktionäre akzeptiert wurde? Ist sie nicht vergleichbar mit den bayrischen, schwäbischen und rheinischen Mundarten im Westen? Dabei soll vom Dialekt hier nicht die Rede sein. Laut Sprachwissenschaft wurden und werden auf dem ehemaligen *Territorium der DDR* (eine typische DDR-Wendung) 9 niederdeutsche, 28 mitteldeutsche und 5 nordoberdeutsche Mundarten gesprochen, von Nordwestaltmärkisch über Ilmthüringisch bis Itzgründisch und Südvogtländisch. Berlinisch, im Osten der Hauptstadt auch aus einer gewissen Trotzhaltung gegenüber dem Südelbischen konserviert und gebraucht, zählt übrigens nicht zu diesen linguistisch anerkannten Dialekten.

Bleibt der Wortschatz. Gab es in der DDErr (nicht DDÄhr, wie es häufig heißt) außer der in den Bereich der Satire gehörenden *Jahresendflügelfigur* und dem (über Bulgarien eingeschleppten) Anglizismus *Goldbroiler* noch andere spezifische Vokabeln? *Urst* und *jetze* vielleicht? Geborene Besserwessis versuchen, dem DDR-Deutsch altvertraut Regionales zuzuordnen wie die ehrwürdige Berliner Bulette, den Hackepeter oder gar die bayerisch-österreichische Kraxe. Dabei sind nicht einmal das Nikki und die Niet(en)-hose originäre DDR-Wortschöpfungen, und über die untergeschobene Cellophantüte wollen wir hinwegsehen. Selbst die als Raufutter verzehrende Großvieheinheit (RGV) berühmt gewordene Kuh ist keine DDR-Erfindung, sondern bestes EG-Deutsch mit langer gesamtdeutscher Tradition.

BILD suchte und fand im Oktober 2009 die 34 schrägsten Wörter aus der DDR. Birgit Wolfs Wörterbuch *Sprache in der DDR* listet etwa 1900 Stichwörter mit zahlreichen Textbeispielen und weiteren Metastasen auf und stellt neben *Die deutsche Sprache in der DDR* von Horst Dieter Schlosser die vollständigste wissenschaftliche Arbeit zum Thema dar.

Pünktlich zum 60. Jahrestag der DDR wartete der MDR mit einer linguistischen Sensation auf: Angeblich, so der Berliner Kommunikationspsychologe und Schriftsteller Frank Naumann in seiner plausiblen Fiktion, habe Honecker eine eigene Landessprache einführen wollen. Wie BILD zu berichten wusste, gab es in den 1970er Jahren tatsächlich Bestrebungen der DDR-Führung, sich sprachlich von Westdeutschland abzusetzen. Ab 1976 hätten sich linientreue Linguisten der Universität Leipzig mit einer *Vier-Varianten-These* beliebt gemacht, nach der DDR-Deutsch eigenständig neben den Sprachen der *BRD*, der Schweiz und Österreichs existieren sollte. Doch selbst DDR-

Wissenschaftler nahmen diese abwegige Behauptung nicht ernst.

Um sich sprachlich vom *Klassenfeind* abzugrenzen, wurden dennoch gezielt absonderliche Wortgebilde verbreitet. Stilblüten wie *Überplanbestände* statt Ladenhüter und *Engpass* statt Mangel oder Misswirtschaft fanden über die Medien Eingang in den allgemeinen, häufig ironisch gefärbten Sprachgebrauch. Man griente nur, wurde einem auf die Frage nach einem Ersatzteil die Antwort zuteil: Falls Sie kein *gesellschaftlicher Bedarfsträger* sind, ist die *Lieferung im nächsten Fünfjahrplanzeitraum vorgesehen.* Und dass im DDR-Duden Wörter wie Meinungsfreiheit oder Weltreise fehlten, fiel kaum auf, kam doch nicht einmal das in der Verfassung verankerte Post- und Fernmeldegeheimnis in der Praxis wie im Duden vor. Statt Reisefreiheit (eine West-Wortschöpfung) gab es in der DDR für *Individualreisen nach dem Ausland* ein einziges Reisebüro und ansonsten *Reisestellen* für die sorgfältig ausgewählten und überprüften *Reisekader* ins *SW* und *NSW (sozialistisches* respektive *nichtsozialistisches Wirtschaftsgebiet)*, auch *KA (kapitalistisches Ausland)* genannt, im Geheimdienstjargon *Operationsgebiet.*

Sprache dient bekanntlich der Kommunikation und der Information. Information wiederum – so hat es der Autor auf einer *Fachschule* der DDR gelernt – ist beseitigte Ungewissheit. Weshalb die DDR-Führung hartnäckig darauf bestand, Ungewissheit der Information vorzuziehen und den *Buschfunk* den offiziellen Medien, lässt sich nur *politisch-ideologisch* (gesprochen *polilogisch*) und mit der Furcht vor dem nimmermüden *Klassenfeind* erklären. Der undurchsichtig-verschrobene Stil offizieller *Verlautbarungen*, *Dokumente und Materialien* genannt, nährte umlaufende Gerüchte und förderte eher Zweifel, als dass er Ungewissheit beseitigte. Ein Satiriker schlug vor, das knappe Papier der DDR-Presse mit Wellenlinien zu bedrucken, um den *Klassenfeind* zu verwirren – DDR-Bürger hätten ohnehin gelernt, zwischen den Zeilen zu lesen.

Bleibende Differenzen zwischen dem *offiziellen* DDR-Deutsch und der heutigen Sprache sind kaum zu erwarten. Die meisten Wörter und Wendungen sind mit ihren Quellen und Objekten ersatzlos untergegangen und halten sich nur in Memoiren und gelegentlichen Äußerungen ehemaliger Kader, die mitunter sogar *Fehler im Wachstumsprozess des Sozialismus* zugeben, die *weiter verbessert* werden müssen.

Überbleibsel in der Umgangssprache haben inzwischen eher regionale Bedeutung. Verständigungsschwierigkeiten ergeben sich nur, wenn sie beabsichtigt sind. Die Literatur der jeweils anderen Seite zu verstehen hat in den vierzig Jahren getrennter Entwicklung keine Schwierigkeiten bereitet, und dass zwischen *Plaste* und Plastik unterschieden wurde, bleibt *ein* Verdienst der DDR-Sprache.

Das Petschaft und der Abakus
Quellen des DDR-Deutsch

Die sprachliche Ausgangslage war nach dem Ende der NS-Diktatur überall in Deutschland gleichermaßen schlecht. Noch lange nistete die von Viktor Klemperer so benannte LTI (*Lingua Tertii Imperii*, die Sprache des Dritten Reiches) in den Köpfen, und aus manchen verschwand sie nie. Auch im DDR-Deutsch hinterließ das NS-Deutsch seine unguten Spuren. Dass mit einer gewissen Kontinuität wieder *linientreue 150-Prozentige* und *Mitläufer* mit einem *Bonbon* am Revers *Propaganda* machten, fiel den Menschen anfangs durchaus auf. Die Doppelbedeutung von Wörtern wie *organisieren* oder *aufziehen* blieb ebenfalls erhalten. Bald wählte man wieder *spontan* eine *Einheitsliste*, und die Jugend – soweit nicht *arbeitsscheu* und dem *Rowdytum* verfallen – versammelte sich unter *Wimpeln* und *in Kluft* zu *Heimabenden* und *Fahnenappellen*, *Fackelzügen* und *Gelöbnissen*, die zur alten wie zur neuen *Weltanschauung* samt *Gesinnung* gehörten. In den ersten Befehlen der *Sowjetischen Militäradministration (SMAD)* kamen die Begriffe *ausrotten* und *liquidieren* vor, und Walter Ulbricht sprach von *Entarteter Kunst*.

Manche Begriffe sind älter als die LTI, zählten jedoch zu deren bevorzugtem Vokabular. Der deutsche wurde im offiziellen Schriftverkehr durch den *sozialistischen*, unter ausgewählten Genossen gar *kommunistischen Gruß* ersetzt, und die Werktätigen der DDR trugen noch lange das 1935 eingeführte *Arbeitsbuch* in der Tasche. Selbst der *(Klassen-)Gegner* – in der Endzeit der DDR war von einem *Feindbild* die Rede – galt nach wie vor als *plutokratisch* und *Objektivismus* als eine Todsünde. Es wurden wieder *heldenmütig Ernteschlachten geschlagen*, der Sozialismus schritt *sieghaft* voran, und *national* wurde zunehmend auf die DDR angewendet.

In der Bürokratie wie in der Ideologie scheute man sich nicht, auf altdeutsches Sprachgut zurückzugreifen. Zwar gab es keine Beamten und kein Reich mehr, wohl aber die *Deutsche Reichsbahn* samt *MITROPA*. Ordens- und Titelsucht *feierten fröhliche Urständ*. Das *Petschaft* (in der DDR: *die* Petschaft), mit dem *Wertgelasse*, Panzerschränke und Büroräume *gesiegelt* wurden, galt als Daseinsbeweis mittlerer und höherer *Kader*.

Der *Veteran* kam im *Arbeiter-*, *Partei-* oder im *Veteranenklub* zu neuen Ehren, Armee, Betriebe und Schulen richteten *Traditionskabinette* ein. An den Universitäten tummelten sich *Magnifizenzen*, *Dekane* und *Aspiranten*, und auf die *facultas docendi* statt der schlichten Lehrbefähigung wurde Wert gelegt. Im Gesundheits- und Bildungswesen streute man großzügig Ehrentitel wie *Sanitäts-* und *Oberstudienrat*, und noch dem letzten Postgehilfen wurde ein *Dienstrang attestiert*.

In vielen Industrie- und Wirtschaftszweigen überlebte Überkommenes: das Vervielfältigungsverfahren *Ormig* beispielsweise oder die *Kerb-Lochkarte*, mit der selbst die *Staatssicherheit* lange hantierte. Die kümmerte sich z. B. zunehmend um den ausufernden *Funkschutz* im Nachrichtenwesen, den die Nationalsozialisten nach kommunistischen Anschlägen auf die Übertragungswege des Rundfunks erfunden hatten. Auch der *Störsender* war nicht neu.

Eine dritte, besonders munter sprudelnde Quelle sprachlicher Beeinflussung stellte in ganz Deutschland die Anwesenheit der Besatzungsmächte dar. Während sich der Westen bedenkenlos den Anglizismen ergab, ließ sich der Osten mit Substantivierungen, endlosen Genitivfolgen und bizarren Slawismen überschwemmen, von denen die meisten ebenfalls einen angloamerikanischen oder romanischen Ursprung haben: *Dispatcher*, *Kombine* und *Kombinat*, *Brigade* und *Brigadier*, *Estrade* und *Magistrale*, ja selbst das *Territorium*, die *Organe* und die vielzitierten *Kader*. Über das Russische gelangten *Objekt* und *Aktiv*, der *Fakt(or)*, die *Fonds*, die *Diversion* und der *Diversant*, die *Direktive* und das *Kollektiv*, das *Ambulatorium* und der *Stomatologe*, die *Initiative* samt *Prämie*, das *Normativ*, die *Havarie* und die *Kooperative*, der *Traktorist* und der *Agronom*, *Valuta*, *Rekonstruktion* und *Perspektive* sowie die Universalvokabeln *komplex* und *operativ* in den ostdeutschen Sprachgebrauch, in dem die *feierliche Manifestation*, das *Festival*, die *Estrade* und das *Ensemble* zu neuem Ruhm aufstiegen. *Kontor*, das alte Wort für Büro, kehrte aus dem Osten heim. Sportvereine hießen (und heißen) nach sowjetischem Vorbild *Dynamo*, *Motor*, *Traktor*, *Energie* oder *Turbine*.

Die Zahl der tatsächlich aus dem Russischen stammenden Wörter blieb dagegen gering. *Wodka*, *Datsche*, *Soljanka* und *Sputnik* zumindest kannte jeder so gut wie den Unterschied zwischen Astronaut und *Kosmonaut*. Letzterer wohnte nicht irgendwo auf der *Kolchose*, sondern im *Sternenstädtchen* und aß dort *Schaschlik*, *Borschtsch* oder *Pelmeni*.

Eine freiwillige Arbeitsschicht am Sonnabend hieß seit Lenins Zeiten *Subbotnik*, ein *Timurtrupp* waren helfende *Junge Pioniere*, und eine Feier artete manchmal zum *Prasdnik* aus. *Rabotten* verstand jeder, wollte aber keiner, da konnte der *Natschalnik* (Vorgesetzte) noch so oft *dawai* (vorwärts) rufen. Der war bloß ein *Apparatschik*. Arbeiten konnte man an der *BAM*, der *Baikal-Amur-Magistrale*, oder an der *Trasse*, der Erdölleitung *Drushba* (Freundschaft).

Dass es sich bei der *Wandzeitung*, beim *Wettbewerb* und beim *Gegenplan*, ja selbst bei der Anrede *Bürger* um Übersetzungen aus dem Russischen handelte, wussten wahrscheinlich die wenigsten Ostdeutschen, beim weitverbreiteten *Rat* (*der Stadt*, *des Kreises* o. Ä.) ist das so ungewiss wie beim *Politbüro* und beim *Zentralkomitee*. *Zwei-*, *Vier-* und *Fünfjahr(es)-pläne* gab es bei Göring wie bei Stalin und in der DDR.

Authentisch russisch ist die Herkunft der selbstgewählten Berufsbezeichnung *Tschekist* für einen Angehörigen des MfS. Die gefürchtete sowjetische *Tscheka* und ihre Nachfolgeorgane waren ein besonders abscheulicher Terrorapparat. Der DDR-Euphemismus *Kundschafter* für Agenten im auswärtigen Einsatz stammt hingegen aus dem Mittelhochdeutschen.

Da es im *Vaterland aller Werktätigen* den Titel *Held der Sowjetunion* gab, musste eine vergleichbare Auszeichnung für die DDR her. *Helden der DDR* waren neben dem ersten deutschen *Kosmonauten* Sigmund Jähn der *Vorsitzende des Staatsrats* Erich Honecker und – gleich zweimal – der Chef-*Tschekist* Erich Mielke.

Nicht ganz arglos verging sich der Volksmund an der wenig geliebten Fremdsprache. Lokomotivheizer verfeuerten bis in die 1960er Jahre *Kosakenkies* oder *Stalins Rache*, minderwertige Steinkohle aus der Sowjetunion. Später hießen dröhnende Dieselloks *Taigatrommel*, und die *Taiga* war überall da, wo sonst nichts war. Der Hauptbuchhalter eines Betriebes hieß *Kopekenscheich*. *Wladimir so ich dir* sagte man mit Bezug auf Lenins Vornamen, und *Lenins Taschenrechner* war ebenfalls bekannt: der Abakus, bis heute Rechengerät im russischen Handel.

Über die zahlreichen sowjetischen *Neuerermethoden* und vorgeblichen Erfindungen ließe sich ein eigenes Kapitel schreiben, in die DDR-Sprache ging auf Dauer kaum etwas davon ein. Wer weiß heute noch, wer der Schnelldreher *Pawel Bykow* war oder worum es sich bei der vielgerühmten *Mitrofanow-Methode* handelte? *Nina Nasarowa*, *Nikolai Mamai* und

Sergej Kowaljow hießen weitere werktätige Helden von ephemerem Ruhm. Dass hingegen der Genosse *Knipskowski* den Lichtschalter und *Puschkin* die Damentoilette erfunden hätte, behauptete nur der stets vorlaute Volksmund, der dem kurz nach Amtsantritt verstorbenen Generalsekretär Tschernenko unterstellte, er hätte so breite Schultern, weil sein Herzschrittmacher aus der Produktion des *VEB Robotron Dresden* stamme.

Dass selbiger Volksmund den *Sowjetwissenschaften* eine gehörige Portion Spottlust entgegenbrachte, war nicht zuletzt auf die niederschmetternden Resultate hochgepriesener Sowjet-Vorbilder zurückzuführen. In den *Rinderoffenställen* erfroren die Kühe. Nicht einmal der Radiohit *Der Mais, der Mais,/wie jeder weiß,/das ist die Wurst am Stengel* half da. Die Landwirtschaft erwies sich überhaupt als ungeeignet für so geniale Vorschläge des Scharlatans *Lyssenko* wie den *jarowisierten* Weizen. Milder beurteilte das Volk die sagenumwobenen Erfolge des kühnen Pflanzenzüchters *Mitschurin*, der bekanntlich beim Absturz von einer selbstgezüchteten Erdbeere zu Tode kam. Das war einer der harmloseren Importwitze aus *Freundesland*, die *Anfragen an den Sender Jerewan* fielen meist gepfefferter aus. Klang etwas ganz und gar unwahrscheinlich, dann gab es das *in keinem Russenfilm, nicht mal im dritten Teil und in bunt.*

Arbeiterwohnungsbaugenossenschaft und Zahlbox
Wortwahl und Phraseologie im Alltag

Das Leben *im real existierenden Sozialismus in den Farben der DDR* war logischerweise von der Wiege bis zum *Feierabendheim planmäßig sozialistisch* ausgerichtet. *Das ist Fakt!* Neben der (seltenen) *sozialistischen Namensgebung*, der streng sozialistisch ausgerichteten *Jugendweihe* und der (noch selteneren) *sozialistischen Eheschließung* beinhaltete die individuelle Lebensplanung jedoch keine sozialistische Einäscherung oder Beisetzung. Nur *höchsten Repräsentanten* gewährte man nach einem letzten Staatsakt eine Ruhestätte in oder nahe der *Gedenkstätte der Sozialisten*. Es war eben viel mehr vom zukünftig besseren Leben als vom Alter (etwa der oben erwähnten Repräsentanten) oder Tod die Rede, galten doch *die Klassiker des Marxismus-Leninismus* ohnehin als unsterblich.

Wurde beispielsweise *im Rahmen der Erfüllung der Hauptaufgabe*, also *der planmäßigen Durchführung der vordringlichen Maßnahmen zur Einhaltung und Absicherung der Einheit von Wirtschafts- und Sozialpolitik, die im sozialistischen Wohnungsbauprogramm ihren Ausdruck fand*, ein neues (selbstverständlich *sozialistisches*, dieses Adjektiv ist automatisch mitzudenken) *Wohngebiet* mit *Mehrgeschossern in Platten-*

bauweise (*weiße Kekse* genannt) und einem *Punkthochhaus als städtebauliche Dominante errichtet*, so bestand für *kinderreiche* Familien (Paare, die den staatlich gewährten *Ehekredit* bereits mittels *Geburtenbeihilfe abgekindert* hatten und möglichst *im Mehrschichtdienst* arbeiteten) die Chance, über die *kommunale Wohnraumlenkung*, noch sicherer jedoch als Mitglied einer *Arbeiterwohnungsbaugenossenschaft (AWG)* mit einer *Zwei-* oder *Mehrraum-Vollkomfortwohnung endversorgt* zu werden.

In frühen Zeiten bevorzugte man die besten Teilnehmer am *Nationalen Aufbauwerk*, die *Aufbauhelfer*. Inzwischen hatten die *Neuerer* (Übersetzung aus dem Russischen) unter den *Bauschaffenden* in der *Bad-Nasszelle* die Fliesen *wegrationalisiert* (Volksmund), und um den Erwerb der begehrten *Raufasertapete* hatte sich auch jeder *individuell* zu kümmern. Dazu bedurfte es (neben den unumgänglichen *Beziehungen*, *Vitamin B* genannt) einer gewissen *Eigeninitiative*, nicht zu verwechseln mit den für die AWG *zu erbringenden Eigenleistungen*.

Hatte man nicht das Glück, eine *Genossenschaftswohnung* (und sei es ein sogenanntes *Arbeiterschließfach zur Proletarierintensivhaltung*) zu beziehen, blieb die Hoffnung auf eine durch *Reko(nstruktions)-maßnahmen instandgesetzte* Wohnung der *Kommunalen Wohnungsverwaltung (KWV)* oder schlimmstenfalls der (häufig illegale) Bezug einer *nichterfassten Ladenwohnung* mit *AWC* (Außenklosett).

Als Mitglied einer *Hausgemeinschaft* wählte man

den *HGLer*, den *Vorsitzenden der Hausgemeinschaftsleitung*, der das *Hausbuch* führte, in dem alle Hausbewohner und ihre Besucher einzutragen waren. Ursprünglich fiel das in die Zuständigkeit des einem *Straßenvertrauensmann* unterstehenden *Hausvertrauensmanns*, der die Lebensmittel- und Brennstoffkarten verteilte.

Bald begann im Rahmen der *Initiative «Schöner unsere Städte und Gemeinden»* der *Kampf um die Goldene Hausnummer*. Es konnte eine *Hausfrauenbrigade* entstehen, die z. B. bei *personellen Engpässen im Handel* aushalf, während handwerklich Begabte eher in einer *Feierabendbrigade* mit *Feierabendarbeit* befasst waren – und dabei gut genug verdienten, um im *Delikat*- oder *Ex(quisit)*-Laden *Waren mit höherem Gebrauchswert* einkaufen zu können.

Während besondere Geschäfte sich gerne mit dem Titel *Salon* schmückten (*Auto-Salon*, in dem lediglich Bestellungen entgegengenommen wurden, *Zweiradsalon* für Mopeds und Fahrräder), war der normale Handel hinreichend damit beschäftigt, eine möglichst *stabile Grundversorgung zu gewährleisten*, ohne dass sich vor den Läden allzu große *sozialistische Wartegemeinschaften* (Kundenschlangen) bildeten.

In einem Neubaugebiet setzte die *Inangriffnahme der Folge- und Gemeinschaftseinrichtungen* meist etwas später ein. Bis dahin behalf man sich mit *Behelfsverkaufsstellen*. Eventuell entstanden neben der obligatorischen *Kaufhalle* (ein traditionsreicheres deutsches Wort als Supermarkt) mit *Getränkestütz-*

punkt und *Leergutannahme* ein *Ambulatorium* oder eine *Poliklinik*, unbedingt jedoch eine *Komplexannahmestelle des Dienstleistungskombinats*, in der die *allseitig gebildeten sozialistischen Persönlichkeiten* nicht etwa ihre *personengebundenen* psychologischen Macken, sondern ihren *Präsent-20-Anzug* (*gewirkt* aus einer zum 20. *Geburtstag der Republik* entwickelten Textilfaser) oder schmutzige Wäsche (im wörtlichen Sinne) abgeben durften, sofern kein *Waschstützpunkt* zur Verfügung stand.

Lumpen, Flaschen und Altpapier wurde man bei den *Altstoffsammlungen* der *Jungen Pioniere* oder bei den *SERO- (Sekundärrohstoff) Annahmestellen* los. Der *Postzeitungsvertrieb (PZV)* unterhielt einen Kiosk mit *Presseerzeugnissen* ausschließlich aus der DDR und dem *befreundeten sozialistischen Ausland*, in der *Postannahmestelle* konnte man *Postmietbehälter* ausleihen und aufgeben und – wie in Banken und Sparkassen – am *Freizügigkeitsverkehr* teilnehmen.

Die *Kinderkombination* bestand aus *Kinderkrippe* und *Kindergarten*, in einem sogenannten *Fresswürfel* hingegen waren eine *Klub-* oder *Mehrzweckgaststätte* und ein *Jugendklub* untergebracht. In Altbaugebieten dominierten eher private Kneipen oder der *Kommissionshandel* und die *Kommissionsgaststätte*, *halbstaatliche Unternehmen* mit privater Beteiligung, oft mit den ehemaligen Eigentümern als *Objektleitern*. *Objekt* war alles, was nicht Subjekt war, von der Baustelle bis zur *operativ* überwachten Wohnung oder den *Naherholungs-* und *Ferienobjekten*, wo gelegentlich *Objektbegehungen* stattfanden.

Überhaupt *ging alles seinen (sozialistischen) Gang.* Für die *Hauswirtschaftspflege* von *Rentnern* und *Veteranen* war die *Volkssolidarität* zuständig, der *Reparaturschnelldienst* besaß einen *Stützpunkt*, es gab einen *Havariedienst*, und in der Apotheke erhielt man *Heil- und Hilfsmittel.* Jeder *Bürger* war mittels einer im *PA* (ursprünglich *DPA*: *Deutscher Personalausweis*) eingetragenen *Personenkennzahl (PKZ)* leicht zu identifizieren. Alle Werktätigen besaßen einen einheitlichen *SV- (Sozialversicherungs) Ausweis*, in dem alle Arbeitsstellen, Krankheiten und *Abwesenheitstage (SV-Urlaub auf Krankenschein)*, Impfungen und die regelmäßige Teilnahme an den *Röntgenreihenuntersuchungen* in der *Schirmbildstelle* festgehalten wurden.

Bürger im höheren Lebensalter, noch nicht zu Senioren geadelt, lebten zum Teil von bescheidenen *Mindest-* oder *Invalidenrenten* – weshalb eine *freiwillige Zusatzrentenversicherung (FZR)* eingeführt wurde – und aßen die unter Honecker eingeführte *Rahmbutter*, selten sanken sie jedoch so tief, dass sie den empfohlenen *Kaffee-Mix (Erichs Krönung)* tranken. Immerhin genossen sie das Privileg, sich im *reisefähigen Alter* zu befinden.

Erreichte der Werktätige seinen Betrieb oder seine *Dienststelle* mit dem *öffentlichen Personennahverkehr (ÖPNV)* samt dem bis heute vertrauten *Schienenersatzverkehr*, so benötigte er dazu keine *Arbei-*

terrückfahrkarte. In den Städten verkehrten *Gelenkbusse* der ungarischen Firma *Ikarus (Schlenki)* und Tatra-Straßenbahnen *(Dubčeks Rache)*. Bezahlt (oder auch nicht) wurde nach einer kurzen *OS- (ohne Schaffner)* Phase an einer Art *Kasse des gegenseitigen Vertrauens*, die aus einer blechernen *Zahlbox* mit (oft auch ohne) *Fahrscheinrolle* bestand.

Viele Menschen besaßen eine *Gehhilfe* namens *Trabant* (manche sogar in der Ausstattung *de Luxe*: *Sonderwunsch* mit *Benzinhahnfernbedienung* und *Momentanverbrauchsanzeige*, *Mäusekino* genannt) samt *Faltgarage*. Finanziell Bessergestellte fuhren die Pkw-Marken *Wartburg*, *Moskwitsch*, *Wolga*, *Lada* oder *Dacia*, sofern sie nicht einen der von der Partei verteilten zehntausend VW-Golf oder einen japanischen Mazda erwischt hatten. Volvo und Citroën blieben den *führenden Repräsentanten* und ausgesuchten *Kunst- und Kulturschaffenden* vorbehalten.

Vom Amboss bis zu Ochs und Esel
Sprachblasen und Parolen

Transparente und *Sichtelemente* mit *Losungen* und Parolen jeder Art gehörten fest zum sprachlichen Alltag in der DDR. *Niemals Amboss – immer Hammer* war ein früher Slogan, der in seiner Mehrdeutigkeit immerhin auf Goethe zurückgeht und (wie später tausend andere Kampagnen-Leitsätze) in Vergessenheit geriet. An *Machst du Hennecke-Bewegung, kriegst du Kotikow-Verpflegung* erinnert sich kaum jemand, an das sowjetisch verordnete Betriebsessen nämlich und den Beginn der *Aktivisten-Bewegung*, nachdem man die im Gesetz genannten *Nazi-Aktivisten* noch schneller vergessen hatte. Später verschwand der *Tag der Aktivisten* (13. Oktober) aus dem an *Ehrentagen* reichen DDR-Kalender. Dafür erhielten jeder Wirtschaftszweig und jedes *staatliche Organ* einen, wie z. B. den (mehrfach verschobenen) *Tag der Volkspolizei*, den *Tag des Eisenbahners*, der zum *Ehrentag der Werktätigen des Verkehrswesens* mutierte, oder den *Ehrentag der Werktätigen des Post- und Fernmeldewesens*, abgekürzt *EdeWedePuF*. Womit wir wieder bei des Volkes Stimme wären, die jene von *Partei und Regierung* (stets in dieser Reihenfolge) verkündeten Sprachblasen gerne ins Lächerliche zog.

Das alljährliche Ritual der zum *Kampftag der Werk-*

tätigen (1. Mai), zum *Geburtstag der Republik* (7. Oktober) und zu sonstigen *gesellschaftlichen Höhepunkten* veröffentlichten Losungen blieb immer gleich. Vor den zu *machtvollen Bekenntnissen* aufgerufenen Teilnehmern der *Kampfdemonstrationen* verlasen ausgewählte Rundfunksprecher mit markiger Stimme die Leitsätze. Dazu erklangen *Kampflieder der Arbeiterklasse* und Militärmärsche.

Der Inhalt der Losungen veränderte sich im Lauf der vier Jahrzehnte. Nur im ersten davon galt *Deutsche an einen Tisch*. Im Zusammenhang mit Chruschtschows Berlin-Ultimatum war von einem *Friedensvertrag, noch in diesem Jahr* die Rede. Der nie abgeschlossene Vertrag geriet ebenso in Vergessenheit wie die *Mais-Kampagne* und der *teure Freund Nikita Sergejewitsch* selber.

Lange hieß es dennoch *Von der Sowjetunion lernen, heißt siegen lernen*. Nach verstärktem Einblick in die dort herrschenden Verhältnisse wurde die Phrase zunehmend spöttisch gebraucht und erhielt mit den Gorbatschow'schen Veränderungen schließlich einen geradezu *konterrevolutionären* Charakter. Von *sozialistisch arbeiten, lernen und leben* war ohnehin nur noch selten die Rede, die *zehn Gebote sozialistischer Moral* galten als überholt. Wichtig war vielmehr die *politisch-moralische Einheit*, was immer die bedeuten sollte.

Während *die dem Kapitalismus innewohnenden antagonistischen Widersprüche* und sein *Grundwiderspruch* anderwärts erhalten blieben, sorgte der mittels *wissenschaftlicher Weltanschauung* bestätigte *Glaube an die historische Mission der Arbeiterklasse* als *revolutionäre Triebkraft* dafür, dass der *Charakter der Epoche* gewahrt blieb und die *Schöpferkraft, das Bewusstsein* und der *feste Klassenstandpunkt* der *Mitgestalter* und *Erbauer des Sozialismus im ersten deutschen Arbeiter- und Bauernstaat vollinhaltlich* und schließlich *im Schrittmaß der achtziger Jahre zum Tragen* kamen. So war jeder, insbesondere *die Jugend als unerschöpfliche Kampfreserve der Partei* und *als Erbauer und Gestalter der Zukunft* in der Lage, *die qualitativ neue Etappe im revolutionären Weltprozess tiefgreifend durch die ihm innewohnenden und die von der Gesellschaft gebotenen Möglichkeiten der individuellen Persönlichkeitsentwicklung entsprechend den Erfordernissen der entwickelten sozialistischen Gesellschaft* und *auf der Basis der Beschlüsse des* vorangegangenen *Parteitags* oder nach gründlicher *Auswertung der Dokumente* des letztgültigen *Plenums des Zentralkomitees der Sozialistischen Einheitspartei grundlegend auszuschöpfen* und *umfassend zu gestalten.* Auf dem *Hauptkampffeld der politisch-ideologischen Auseinandersetzung der Systeme* waren natürlich *die Machtfrage* sowie *die Frage des Klassenbewusstseins* und *der Parteilichkeit besonders scharf zu stellen*, um *die Errungenschaften unserer sozialistischen Menschengemeinschaft breit* und *basisorientiert* und *noch schneller und entschlossener* als einen *stabilen Faktor zu sichern* und *zu gewährleisten.*

Sollte Ihnen diese Klischeemontage einigermaßen

verworren oder gar unverständlich erscheinen – obwohl sie *stimmig* und *folgerichtig* ist –, so ist ihr Zweck als Einführung in die mit Versatzstücken gespickte *Kommuniqué*-Sprache *Parteichinesisch*, auch als *Kaderwelsch* bekannt, erfüllt.

Begonnen hatte es *beim Urschleim*, wie man in der DDR sagte, soll heißen mit der *Partei neuen Typus als bewusste Vorhut der Arbeiterklasse*, beruhend auf dem *Grundsatz des demokratischen Zentralismus* und der mit *revolutionärer Wachsamkeit* ausgeübten *führenden Rolle der Arbeiterklasse*, mit deren Definition sich die *Gesellschaftswissenschaftler* zunehmend schwertaten. Per se galten alle *Angehörigen der bewaffneten Organe* als Arbeiter. Die wirkliche *Arbeiterklasse* zeigte wenig Interesse an derlei Spitzfindigkeiten wie überhaupt an der *marxistisch-leninistischen Weltanschauung* oder *mlWA*, wie die Genossen ihre Parteizugehörigkeit in Heiratsannoncen verschämt kaschierten.

Ein langer sprachlicher Weg führte von den Losungen *Industriearbeiter aufs Land*, vom *Kampf den Stromabschaltungen* und den *Kampfmaßnahmen für die Durchführung des Feldzuges für strenge Sparsamkeit* zum *Neuen ökonomischen System der Planung und Leitung (NÖSPL)*. Walter Ulbricht wollte die *BRD überholen ohne einzuholen*, wobei man sich einerseits auf das *Aufgebot junger Sozialisten* und andererseits auf den *wissenschaftlich-technischen Fortschritt* sowie das sehnsüchtig angestrebte *Weltniveau* und die *Störfreimachung* (vom westlichen Import) konzentrierte. Häufig wurde dabei *das Fahrrad neu erfunden*. *Deine Hand für dein Produkt* hieß es in den Betrieben und *Jeder liefert jedem Qualität*. Mit *erfüllten Plänen* ging es ins jeweils neue Jahr, wobei *mit jedem Gramm, jeder Minute, jedem Pfennig gespart* werden sollte – koste es, was es wolle, wie böse Zungen lästerten, die den Slogan *Wie wir heute arbeiten, werden wir morgen leben* eher als Drohung interpretierten. Alles wurde plötzlich *global gesehen* (womit fast immer innerhalb der DDR gemeint war), man orientierte sich gerne an dem, was angeblich *international so üblich* war.

Unter Honecker und seinem unerbittlichen Wirtschaftslenker Mittag hatte die vorgebliche *Einheit von Wirtschafts- und Sozialpolitik* absoluten Vorrang. Politisch galt es, die *friedliche Koexistenz* der *unterschiedlichen Gesellschaftssysteme* zu erhalten, der verfemten *ideologischen Koexistenz* mit ihren *Aufweichungstendenzen* stand die entschiedene *Abgrenzung* entgegen. *Der Klassenfeind schläft nie*, wie jeder wusste, und Mielkes *Firma* mit den vielen Spitznamen (u. a. *Konsum, Horch und Guck, Memfis*) kämpfte vergebens gegen *PID* und *PUT*, die *politisch-ideologische Diversion* und die *politische Untergrundtätigkeit*. Allerdings half gegen *Personen mit feindlich-negativer Grundeinstellung* und gegen die wachsende Zahl der *Übersiedlungsersuchen* von *Antragstellern* oder gar *hartnäckigen Antragstellern* die Standardfloskel *Das siehst du falsch!* ebenso wenig wie die halbernst gestellte Frage *Bist du etwa nicht für den*

Frieden? oder der *Appell an das Bewusstsein*. Ein Werktätiger drückte es drastisch aus: *Wenn sie an dein Bewusstsein appellieren, wollen sie dich bescheißen!*

Inzwischen hatte das Land mancherlei Wandlungen erfahren, die sich in der Phraseologie deutlich widerspiegeln. Hatte doch *der weise Stalin* – gern auch als *Väterchen Stalin* bezeichnet, dessen Lieblingslied *Suliko* jeder kannte – bereits 1949 *die Bedeutung der Bildung der DDR genial aufgezeigt*, und Wilhelm Pieck, der erste und einzige Präsident der DDR, anlässlich Stalins Tod versprochen: *Die Partei über alles! Das war so – und so wird es bleiben*. Nun war *der einzig geliebte Vater aller Werktätigen, der Bannerträger und Garant des Weltfriedens, der Führer und Lehrer aller Völker* dahingegangen, *die für ewig unverbrüchliche Freundschaft mit der Sowjetunion und den Bruderländern* blieb vorerst. Stalins Zitat *Die Geschichte lehrt, dass die Hitler kommen und gehen, aber das deutsche Volk, der deutsche Staat bleibt* wurde später nur verkürzt wiedergegeben, wie überhaupt das Weglassen die einfachste Form der historischen Fälschung war. So blieb man auf die Dauer zwar nicht *Sieger der Geschichte*, vorerst aber wenigstens der Geschichtsschreibung.

Deutschland, einig Vaterland geriet ins Abseits, die *Lebensfrage der Nation*, eben die *nationale deutsche Frage* stellte sich erst wieder 1989 – in völlig unerwarteter Form. *Vorwärts immer, rückwärts nimmer* und *Den Sozialismus in seinem Lauf hält weder Ochs noch Esel auf*, behauptete Honecker (nach einem Zitat von Bebel) bis ganz zum Schluss – und behielt einmal mehr unrecht. Ungarn, *die fröhlichste Baracke im sozialistischen Lager*, hatte die Grenze bereits geöffnet, und *die sozialistische Völkerfamilie* mit ihren miteinander verschworenen *Bruderparteien* bröckelte stärker als je zuvor. Plötzlich und unerwartet war es überall in den *volksdemokratischen Bruderländern* vorbei mit der fiktiven *Volksmacht* und dem inflationären Gebrauch der Worte *Volk* und *Demokratie*. Keine *Volksherrschaft* mehr und keine *Volksbildung*, kein *Volkseigentum* (dafür sorgte die Treuhand – ein neuer, diesmal bundesrepublikanischer Euphemismus), kein *Volkswirtschaftsplan* und keine *Volkskammer*, keine *Volkskontrolle* und keine *Volksvertreter*, es gab nicht einmal mehr das gewohnte *Zettelfalten* bei den *Volkswahlen*, von der *Volksarmee*, *-marine* und *-polizei* ganz abgesehen, deren Angehörige allerdings zu guten Teilen den Dienst unter einem neuen Dienstherrn fortsetzen durften.

Es muss demokratisch aussehen oder Die Rolle der Bedeutung Die Sprache der Partei und der Medien

Walter Ulbrichts 1945 an seine Mitstreiter ausgegebene Devise *Es muss demokratisch aussehen, aber wir müssen alles in der Hand haben* erläutert, wie die (sprachlich) ausufernde *Demokratie* gemeint war. Aus dem *russischen Sektor* von Groß-Berlin wurde erst ein *sowjetischer* und dann ein *demokratischer*, der zum *demokratischen Berlin* und schließlich zur *Hauptstadt der DDR* mutierte. Es gab *demokratische Kräfte* (später gerne *gesunde Kräfte* genannt), ja sogar eine *demokratische Bevölkerung Berlins* (so der alsbald mit Zuchthaus bestrafte CDU-Politiker Georg Dertinger) und (auf dem Papier) eine *innerparteiliche Demokratie*. Diese ließ sich besingen: *Die Partei, die Partei, die hat immer recht* – und gemeint war immer nur die eine. Die *Blockflöten* und *Vertreter der Massenorganisationen* waren *unter der Führung der Partei* im *demokratischen Block der Nationalen Front zusammengeschlossen*.

Der Partei-Apparat beherrschte und bestimmte alles – also auch die offizielle Sprache. *Wo ein Genosse ist, ist die Partei*, und wo drei davon waren, bildeten sie eine *Parteigruppe* unter einem *Gruppenorganisator*, lasen das *Parteiorgan*, nahmen am *Parteilehrjahr* teil und wiesen dem *Parteisekretär*, mindestens jedoch einmal monatlich dem Kassierer, ihr *Parteidokument* vor. Um *Kandidat der Partei* zu werden, mussten zwei zuverlässige Genossen die *Bürgschaft* übernehmen. Führten *politisch-ideologische Bauchschmerzen* zu einer *Abweichung von der Parteilinie* oder gar zu *parteischädigendem Verhalten*, wurde nach entsprechender *Kritik und Selbstkritik* eine *Parteistrafe ausgesprochen*. Dafür sorgte die *Parteikontrollkommission*, die als schlimmstes aller Vergehen die *Fraktionsbildung*, aber auch den Rückfall in den *Sozialdemokratismus*, *Revisionismus* oder das *Versöhnlertum* streng ahndete.

Die Partei war straff organisiert, vom *Büro des Politbüros des Zentralkomitees* über die *Bezirks- und Kreisleitungen* bis hinunter zur letzten *GO (Grundorganisation)* in den *Betriebs- (BPO)*, *Abteilungs- (APO)* und *Wohngebietsparteiorganisationen (WPO)*, in denen die Genossen aus der *nichtarbeitenden Bevölkerung* und die *Parteiveteranen* erfasst waren.

Die *aktuell-* und *massenpolitische Agitations-* und *Breitenarbeit* war *unabdingbarer Bestandteil* des *einheitlichen und geschlossenen Handelns* aller Genossen, denn *unsere Menschen an der Basis* bedurften *global*, also *im Republikmaßstab*, einer permanenten, *parteilichen* und *ideologierelevanten Agitation und Propaganda*, also der *Aufklärungs-* und *Überzeugungsarbeit*, sei es über die *Machenschaften des Klassengegners*, die *Bündnispolitik der Partei* oder *anstehende gesellschaftliche Höhepunkte*. Eine *Fehlerdiskussion* war nicht vorgesehen. Vielleicht weilte ja gerade eine *hochrangige Delegation führender Repräsentanten* aus *Freundesland* in *unserer Republik*, und es galt die *zentrale Weisung*, die *tiefe Verbundenheit* mit den *teuren Genossen* im Sinne des *proletarischen Internationalismus* und der *brüderlichen Zusammenarbeit* durch *Spalierstehen* der *territorialen Kräfte* mit *Winkelementen* in der Hand an der *Protokollstrecke* zu *manifestieren* und zu *festigen*. Dort *wachten* bereits die unauffälligen Genossen, die sonst den *kalendertäglichen Friedenskampf* an der *unsichtbaren Front gewährleisteten*, über die *Durchsetzung und Verwirklichung* der *örtlichen Sicherheit*.

Obwohl die Genossen dem nach der Reichsbahn *arbeitskräfteintensivsten* Unternehmen der DDR dienten, würdigten die Medien ihre *stete Einsatzbereitschaft* und die *Rolle ihrer Bedeutung* selten. Worüber die Medien zu berichten (und worüber sie zu schweigen) hatten, legte die tägliche *zentrale Anleitung* oder *Argu(mentation)* für die verantwortlichen Journalisten fest (die sich heutzutage gerne als Dshorrnalisten bezeichnen).

Volkskorrespondenten (VauKa), auf die *Arbeiterkorrespondenten* der 1920er Jahre zurückgehend, berichteten überwiegend Positives *aus dem Territorium* und aus den Betrieben, der *Wirtschaftskommentar* von *Radio DDR* endete allwöchentlich *sachlich, kritisch und optimistisch wie immer*. In Rundfunk und Fernsehen (ursprünglich *Deutscher Fernsehfunk DFF*, später *Fernsehen der DDR*) musste jeder Beitrag vor der Aufzeichnung oder Sendung von einem *Abzeich-*

nungsberechtigten abgezeichnet, d. h. kontrolliert und unterschrieben werden – eine Tätigkeit, die bis 1949 sowjetische *Kontrolloffiziere* ausgeübt hatten.

An der Spitze jedes *Presseorgans* und der *Staatlichen Komitees für Rundfunk und Fernsehen*, die keineswegs dem Staat oder der Regierung, sondern dem *Sekretär für Agitation und Propaganda im Politbüro des Zentralkomitees der SED* unterstanden und rechenschaftspflichtig waren, übten ausgewählte *Führungskader* ihr Amt aus. Seit Stalin galt das eherne Gesetz: *Die Kader entscheiden alles. Hauptinstrument bei der Schaffung und Verwirklichung einer neuen Gesellschaftsformation*, über deren *Übergangsperiode* man nie hinausgelangte, waren demzufolge die gemäß *Kaderperspektivplan* aus den *fortschrittlichsten* Kräften rekrutierten *Kader*.

Eine ganze Seite ließe sich mit *Kader*-Wörtern füllen, von der *Kaderarbeit* als *Bestandteil der wissenschaftlichen Leitungstätigkeit* eines *Kaderleiters* mit der *K-akte* in der *K-abteilung* bis zur *k-politisch* und *k-taktisch* im *K-spiegel festgeschriebenen K-reserve* und zum *Nomenklaturkader* höchster Stufe, *kadermäßig geformt* in der obersten *Kaderschmiede*, der *Parteihochschule*.

Vierzig Jahre lang herrschte *Kalter Krieg* zwischen Ost und West, und auf beiden Seiten wurde nicht mit Samthandschuhen gekämpft. Rüde Töne in den Medien waren an der Tagesordnung und hinterließen ihre Spuren in der Sprache. Arbeitete sich die DDR an den *Bonner Spaltern* und *Ultras*, der *Willkürjustiz der*

Bonner Machthaber und *Kriegstreiber*, der *Remilitarisierung durch die Adenauer-Clique* und deren *Kriegsverträgen* sowie der *aggressiven angloamerikanischen Globalstrategie* ab, so bedauerte der Westen die armen Brüder und Schwestern jenseits von Mauer und Stacheldraht, die in der SBZ (Sowjetischen Besatzungszone) oder Ostzone unter dem Joch der Sowjets und der Panko(ff)wer Machthaber ächzten und hinter der Schandmauer auf freie Wahlen und die Wiedervereinigung in Einheit und Freiheit warteten. Mit *Regime* und *Machthaber* war immer die andere Seite gemeint. Der Rundfunk im amerikanischen Sektor verbreitete *RIAS-Enten* und organisierte die *Wühltätigkeit* gegen die DDR.

Indessen führte die SED *einen entschiedenen Kampf* gegen *die verräterische Tito-Clique*, *gegen Agenten*, *Saboteure* und *Diversanten*, gegen den *Formalismus in der Kunst*, gegen *Kosmopolitismus*, *Zionismus*, *Idealismus* und *Empiriokritizismus*, *Subjektivismus* und *Trotzkismus*, später auch gegen *Pazifismus*, *Maoismus* und angeblich gegen *doktrinäre Auffassungen* und *Personenkult* in den eigenen Reihen. 13 Honecker-Fotos auf einer Zeitungsseite ließen wenig davon ahnen.

Disproportionen in Größenordnungen Wirtschaft, Handel und Versorgung

Weshalb die DDR-Wirtschaft trotz regelmäßiger *Erfüllung* und *Übererfüllung des Plansolls*, trotz *Gegenplan*, *Planplus* und *Notizen zum Plan*, trotz *Netzplantechnik* und *Einhaltung aller ökonomischen Kennziffern* in keinem *Fünfjahrplanzeitraum* zu einer *vollen Bedürfnisbefriedigung* der Industrie wie des *Bevölkerungsbedarfs* in der Lage war, gehörte zu den offenen, öffentlich nie ausgesprochenen Rätseln des Landes mit den vielen sorgfältig gehüteten Geheimnissen.

Trotz *Perspektivplanung*, *wissenschaftlicher Prognosen* und *bedarfsgerechter Produktion* blieben *Bedarfslücken*, die sich häufig zu *Disproportionen* in *Größenordnungen* auswuchsen, die wiederum den *Endverbraucher* verärgerten. Was nützte dem das *Integrationsprogramm des RGW (Rat für gegenseitige Wirtschaftshilfe)*, wenn mal die Zwiebeln fehlten, mal das Toilettenpapier Marke Raufaser knapp wurde und man sich nicht zum Einkauf auf den Weg machte, sondern zur *Nahrungssuche*, weil es angeblich in der *Versorgung der Bevölkerung* mit der *Warenstreuung* nicht klappte. Meist traf dieses Schicksal die Frauen, aber weibliche Sprachformen und Berufsbezeichnungen fehlten in der DDR weitgehend, sieht man von den umworbenen *Verkäuferinnen* einmal ab. Die sollten übrigens jeden *spekulativen Warenabkauf* und *Hamsterkäufe* verhindern.

Die *Versorgungseinrichtungen des sozialistischen Einzelhandels im Bereich WtB (Waren des täglichen Bedarfs)*, mochten es *Vitaminbars*, *Getränkestützpunkte*, *Betriebs- und Spät-Vst (Spät-Verkaufsstellen)*, *Industrieläden* oder *Kaufhallen* von *HO (Handelsorganisation)* oder *Konsum* (genossenschaftlicher Handel, auch als Synonym für das allgegenwärtige *Ministerium für Staatssicherheit* gebraucht) sein, versprachen ein *reichhaltiges Angebot* (gelegentlich nur in der *Behelfsverpackung*), um den *dynamisch* wachsenden *Kauffonds der Bevölkerung* abzuschöpfen. Manche *Mangelware* blieb *Bückware*, für gute Kunden *unter dem Ladentisch* gelagert, oder einfach nur ein *Beratungsmuster*. Verkauft wurde zu *stabilen* (subventionierten *Stütz-*)*Preisen*, sprich zum *EVP (Einzelhandelsverkaufspreis)*, der bei Obst und Gemüse, gehandelt von der *GHG OGS (Großhandelsgesellschaft Obst, Gemüse, Speisekartoffeln)*, oft unter dem *Aufkaufpreis* lag, der wiederum keineswegs mit dem *Erzeuger- und Erfassungspreis* oder dem per *Industriepreisreform* geregelten *Industrieabgabepreis* identisch war. Den geltenden *Direktiven* entsprechend, gab es den *erzeugniskonkreten Erzeugnisgruppenpreis* gemäß *Erzeugnisgruppensortiment*. Im *Dienstleistungsbereich* und für das Handwerk, weitgehend in *Produktionsgenossenschaften Handwerk (PGH)* tätig, galten *Regelleistungspreise*.

So weit brauchte *der gelernte DDR-Bürger* sich allerdings nicht in die Mysterien der irrealen *Preispolitik* zu vertiefen, es sei denn, er war studierter *Finanzökonom* und beherrschte die *wirtschaftliche Rechnungsführung*. Von der unwirtschaftlichen war nie die Rede. Ob und wie viel Obst und Gemüse den Bezirken in der internen wöchentlichen *Gemüsekonferenz* zugeteilt wurde, erfuhr auch der Fachmann nicht. Dass *die Hauptstadt* – wenn nicht gerade die *Leipziger Messe* oder die *Ostseewoche* anstanden – bevorzugt beliefert wurde und einen *Bananenkeller* für die Nachreife der seltenen Frucht besaß, konnte jeder am eigenen Leibe erfahren. Tiefkühlkost hieß übrigens *Feinfrost*, und dass Dosen in der DDR *Büchsen* genannt wurden, fiel nicht auf. Von den zahlreichen Markennamen für Getränke und Lebensmittel haben sich nur wenige über die Wende gerettet. *Schlauchmilch*, *Rotkäppchen-Sekt* und *Vita Cola* gibt es noch immer, ebenso wie *Halloren Kugeln*, echte *Dresdener Stollen* und *Leckermäulchen*-Quark. Verschwunden sind *Trink-Fix*, *Astoria* und *Libana*, *Tempo-Erbsen* und *Bino-Würze*, die beliebten *Schlager-Süßtafeln* und verschiedene, aus Mais- oder Kartoffelgries gewonnene Ersatzstoffe, die undeklariert als *Persipan* angeboten wurden.

Den größten *Störfaktor* im Handel, den *individuellen Endverbraucher*, erschreckte häufig die *Verkaufskultur* in den *Handelseinrichtungen*, über die man/frau sich im *Kundenbuch* beklagen durfte. Es existierten auch ein *Kundenbeirat* und ein *Verkaufsstel-*

lenausschuss. Gegen die tiefe Wahrheit der Standardformel *Ham wa nich!* konnten diese jedoch ebenso wenig ausrichten wie die *Leiteinrichtungen* des Handels. Das *Edelfleischkontingent* jedes Ladens blieb nun mal begrenzt, ein *Engpass*, unter dem auch die *gastronomischen Einrichtungen* und ihre *Objektleiter* litten, mochten sie im *Gaststättenwettbewerb* noch so stolze Erfolge verzeichnen und ein *Ehrenbanner* oder wenigstens die *Wanderfahne* errungen haben. Nicht einmal in den Fischgaststätten *Gastmahl des Meeres* war das Angebot aus dem *volkseigenen Fischkombinat* ausreichend. Von Fischen namens Lachs und Aal wussten allenfalls Fischer, Westreisende und die populäre Nachrichtenagentur *Fama* zu berichten.

Handelseinrichtungen konnten *Sieger im Schaufensterwettbewerb* werden, egal ob sie *Ober-* oder *Untertrikotagen* und andere *Wirkwaren*, *Erzeugnisse* der *Haushaltschemie*, *Ton-* oder *Behältnismöbel* oder *Einzelmöbel-Typensatzserien* mit *Flach- und Nassstrecke* im *Bestellsystem* anboten. Nur die (immer noch privaten) Bestattungsunternehmen durften die vorzugsweise aus *Kiefernschwartenholz* gefertigten *Erdmöbel* (satirische Erfindung, anderswo als Särge bekannt) nicht in den *Magistralen* der Großstädte oder gar an der *Protokollstrecke* anbieten.

Und dennoch: *Obwohl es fast nichts gab, hatten fast alle fast alles*, lautete eins der sieben Wunder des Landes. Als der Verfasser im Jahre 1988 die *stabile Versorgung* der Ostseeurlauber mit der Konserve *Gelbe Erbsen mit Bauchspeck* zu loben versuchte, bedeuteten ihm mehrere Presseorgane, es sei nicht die Zeit für Satire, nicht einmal für milde. Die *gegenwärtige Lage* sei wieder einmal *angespannt* – sie war und blieb es vierzig Jahre lang.

Als relativ stabil galt die Versorgung durch die volkseigenen Handelsbetriebe *Genex-Geschenkdienst* und *Intershop*. Dazu bedurfte es allerdings mehr als der fiktiven Umrechnungswährung *Valutamark*, nämlich *echter Devisen* in *harter Währung*, bis zum Verbot in Annoncen als *blaue Fliesen* getarnt, die vor dem Einkauf in *Forum-Schecks* umzutauschen waren. Daraus resultierte die geläufige Handwerkerfrage auf unterwürfig vorgebrachte Bitten, ihre Dienste in Anspruch nehmen zu dürfen: *Forum handelt es sich denn?* Dann war klar: Für West-Geld war alles möglich.

Die *Zahlungsmittel* der weniger *harten Währung* der DDR unterlagen im Laufe der Jahrzehnte gewissen Wandlungen. Von der *Deutschen Mark (DM) der Deutschen Notenbank*, die im Oktober 1957 die Farben der Geldscheine wechselte, über die *Mark der Deutschen Notenbank (MDN)* wurde sie ab 1968 schlicht zur *Mark (M) der DDR*. Die *Deutsche Notenbank* wurde zur *Staatsbank der DDR*. Die leichtgewichtigen Aluminiummünzen bezeichnete der Volksmund als *Aluchips*.

Besaß man genügend davon, ließ es sich ganz gut leben, denn gewisse *Sonderkontingente* und *Waren des gehobenen Bedarfs* wurden nicht nur an bevorzugte *Nomenklaturkader* (s. o.) verkauft, sondern in *Delikat-* und *Exquisit-Läden* zu exquisiten Preisen auch an *unsere Menschen*. Die Urform dieser (wie Genex) vom *großen Bruder*, also aus der *ruhmreichen Sowjetunion* übernommenen *Sonderversorgung* handelte sich in der DDR schnell den Namen *Uwubu* ein: *Ulbrichts Wucherbuden*. Der große Vorsitzende selber wurde seiner Klugheit und seiner Initialen wegen nach einem chinesischen Vorbild der *Große Gelehrte Wu* genannt.

Wu, bekannt für seine Sachkenntnis auf allen Gebieten, war u. a. für den *Mauerbau* (Zitat: *Niemand hat die Absicht, eine Mauer zu errichten*) und für die *Vergenossenschaftlichung der Landwirtschaft* verantwortlich, im Westen Zwangskollektivierung genannt. Die Kategorie der *Privatbauern* (und mit ihr das gefürchtete *Ablieferungssoll*) verschwand nahezu vollständig zugunsten der in *Landwirtschaftlichen Produktionsgenossenschaften (LPG Typ I* und *III)* zusammengeschlossenen *Genossenschaftsbauern*. Das *Eigentum an Grund und Boden*, von *Umsiedlern* und *Neubauern* erst durch die Bodenreform erworben, der Maschinenpark *(die Technik)* und das Vieh wurden vergesellschaftet. Nur kleinere Flächen und der Kleinviehbestand blieben in der *individuellen Haus- und Nebenwirtschaft* privat. Bald war das *Privateigentum an den Produktionsmitteln* weitestgehend abgeschafft. Neben den *LPG* existierten *Gärtnerische Produktionsgenossenschaften (GPG)* und *Volkseigene Güter (VEG)*. Die *Vergütung* in den LPG und GPG erfolgte auf der *Grundlage eines wissenschaftlich erarbeiteten Katalogs* für die *Arbeitsein-*

heit (AE), deren Wert sich aus der *Jahresendabrechnung* ergab.

Alle zwei Jahre fand in Leipzig die *agra*, die Landwirtschaftsmesse der DDR, statt. Neben der *Demokratischen Bauernpartei Deutschlands (DBD)*, einer SED-Gründung, existierte seit 1946 die *Vereinigung der gegenseitigen Bauernhilfe (VdgB)* als *Massenorganisation der werktätigen Bauern, Gärtner und Winzer* mit eigenen Abgeordneten in der Volkskammer. Wichtiger waren allerdings die von der VdgB betriebenen Obstverarbeitungsbetriebe, Molkereien und die Verkaufsstellen der organisationseigenen *Bäuerlichen Handelsgenossenschaft (BHG)*, die mit Saatgut, den begehrten Baustoffen und Werkzeug handelten.

In der *Agrarwirtschaft*, wie sie nun wissenschaftlich hieß, waren *Ökonomen*, *Agronomen* und *Zootechniker* für die *Tier-* und *Pflanzenproduktion* in *KAPs (Kooperative Abteilung Pflanzenproduktion)* und *KATs (Kooperative Abteilung Tierproduktion)* zuständig. *Agrochemische* und *agrotechnische Zentren* besorgten die Düngung, Schädlings- und Unkrautbekämpfung. *Zentrum* war überhaupt ein beliebter Begriff in der *zentralistisch* geleiteten DDR.

Agrarflieger vom *Agrarflug* der *Interflug* säten, sie versprühten Schädlingsbekämpfungsmittel und (über)düngten die Felder, deren Pflege den *Feldbaubrigaden* oblag. Stand die *Ernteschlacht* an, lenkten die *Erntekapitäne* ihre *Kombines* und *Vollerntemaschinen (die schwere Technik)* in Tag- und

Nachteinsätzen über die *Großflächen*. Die Viehzucht erfolgte häufig als Massentierhaltung in Großställen, wo die Besamung der Kühe und Sauen üblicherweise durch einen *Rucksackbullen* erfolgte, d. h. durch künstliche Besamung.

Um den Wildbestand kümmerten sich die *höchsten Repräsentanten* höchstpersönlich und veranstalteten *Staatsjagden*. Ansonsten waren nur *Jagdkollektive* zugelassen.

Für die *Broiler-* (auch Gummiadler-) und Eierproduktion sorgte das *Kombinat Industrielle Mast (KIM)* in sogenannten *Hühner-KZs* und lieferte zeitweise so viele Eier, dass *bevölkerungswirksam* für Eierspeisen geworben werden musste: *Nimm ein Ei mehr!* Damit das auch geschah, machte manche *Kreisleitung* Sondersitzungen, denn: *Genossen, was uns jetzt drückt, das sind die Eier!*

Das Recht auf Arbeit und der Frauenruheraum
Produktionsbetriebe in der DDR

Das *Recht auf Arbeit* war in der DDR-Verfassung garantiert, und während im Kapitalismus *die Ausbeutung des Menschen durch den Menschen* herrschte, war das im Sozialismus genau umgekehrt. Deshalb gab es keine Arbeitslosen, jeder *Werktätige* ging einer *Beschäftigung* nach – oder kassierte eine *Anwesenheitsgebühr*. Wer sich verändern wollte, suchte keine Arbeit, sondern *einen neuen Wirkungskreis*. Den fanden die meisten in einem *volkseigenen Betrieb* der *Vereinigung Volkseigener Betriebe (VEB der VVB)* oder in einem *Betriebsteil* der zahlreichen *Kombinate*, an deren Spitze ein *Generaldirektor* stand.

Die Anzahl der (häufig selbsterfundenen) Sprachkonstruktionen in den Betrieben überstieg gelegentlich das *Produktionsvolumen*, wie auch die Zahl der Beschäftigten in den *Querschnittsabteilungen* (Verwaltung u. Ä.) oft größer war als die der *Produktionsarbeiter*, an denen es überall mangelte. Die Praxis, unliebsam aufgefallene Intellektuelle zur Strafe und Bewährung *in die Produktion zu versetzen*, hielt sich lange. Das Wort Berufsverbot blieb der Berichterstattung über *die BRD* vorbehalten.

Der *planmäßige Einsatz* und die *zielgerichtete Umverteilung von Arbeitskräften (AK) entsprechend den volkswirtschaftlichen Notwendigkeiten* hieß *Arbeitskräftelenkung. Die arbeitsfähige Bevölkerung, die nicht oder nicht voll im Arbeitsprozess eingesetzt war*, bildete (theoretisch) die *Arbeitskräftereserve*. Die meisten Betriebe, und als solcher galt jedes Unternehmen, das nicht unmittelbar zu den *Staats-* oder *bewaffneten Organen* zählte, wurden gleichermaßen durch die hohe und kaum zu beeinflussende *Fluktuationsrate* gebeutelt (den *Abgang von AK im Verhältnis zur Anzahl der Beschäftigten*). Sie durften lediglich versuchen, *AK aus der nichtarbeitenden Bevölkerung* zu gewinnen, was Anlass zu mancherlei Glossen bot.

Der Versuch, mittels *Schwedter Initiative* AK vor allem in der Verwaltung *freizusetzen*, scheiterte und ging als *Schwejker Initiative* in die ungeschriebene Chronik zahlloser ähnlicher *Kampagnen* und *Initiativen* ein. Dabei waren Ende der 1960er Jahre alle *Betriebe und Institutionen* aufgefordert worden, die eigene *Betriebsgeschichte* zu schreiben.

Um die wertvollen AK bei der Stange zu halten, mussten in erster Linie *materielle Anreize geschaffen* werden, denn die *materielle Interessiertheit* stand als *ökonomischer Hebel* auch im Sozialismus *im Vordergrund. Materielle Anerkennung* bedeutete möglichst hohe Lohn- oder Gehaltszahlungen, soweit der *Lohnfonds* sie hergab, eine attraktive *Jahresendprämie (JEP)* und weitere *Initiativ-*, *Ziel-* oder sonstige *Prämien* aus dem *Prämienfonds*. Notorisch unterbezahlende Unternehmen wie die *Reichsbahn* und die

Deutsche Post zahlten *Treueprämien* und verliehen *Treuedienstmedaillen*. Auch die Möglichkeiten zur *Qualifizierung und Weiterbildung* an der *Betriebsakademie*, die *Arbeiterversorgung* vom Kantinenessen bis zu bevorzugt belieferten *Betriebsverkaufsstellen* in *Schwerpunktbetrieben*, das leidige *Mehrschichtsystem* sowie die *Arbeits- und Lebensbedingungen* samt *Ferienplätzen* in *betrieblichen Ferieneinrichtungen* und sonstige *Vergünstigungen* spielten bei der (theoretisch freien) Wahl eines Arbeitsplatzes eine Rolle. Genossen wechselten den Betrieb nur mit Zustimmung der Partei bzw. *im Parteiauftrag*.

Neben der eigentlichen Tätigkeit benötigte man ständig *Lagerleiter* und *Ferienhelfer*. *Gesundheitshelfer* wurden geschult, die *Partei-*, *Gewerkschafts-* und *Jugendarbeit*, die *gesellschaftlichen Gremien*, die *kampfentschlossenen Kämpfer* der *Kampfgruppen der Arbeiterklasse*, das *Verkehrssicherheitsaktiv*, die *Zivilverteidigung* und das *Reservistenkollektiv* erforderten ein *breites* und möglichst *über Bisheriges weit hinausgehendes Spektrum an Aktivitäten*. In medienwirksamen Bereichen fand vor den *hohen Staatsfeiertagen* ein *Antihavarietraining* statt. Der *Internationale Frauentag*, an dem die Chefs den Kaffee servierten, musste vorbereitet werden, gesundheitlich angegriffene Werktätige beanspruchten einen *Schon(arbeits)platz*. Im Hinblick auf Frauen galt es, die Ausfälle durch das *Babyjahr* und die *Hausarbeitstage* (*Haushaltstag* genannt) auszugleichen. Vorgeschrieben war auch ein *Frauenruheraum*.

Alle *betrieblichen Maßnahmen* waren im jährlich neu zu diskutierenden und abzuschließenden *Betriebskollektivvertrag (BKV)* festgelegt, der den unerlässlichen *Frauenförderungsplan* mit den Namen der *Delegierten* zum *Frauensonderstudium* enthielt. Ein *Rahmenkollektivvertrag (RKV)* galt für ganze Industriezweige.

Die allgemeinen Fragen des Arbeitsrechts regelte ab 1978 das *Arbeitsgesetzbuch (AGB)*, das u. a. Einzelheiten zu Kündigungen, *Änderungs-* und *Aufhebungsverträgen* und zur *materiellen* und *disziplinarischen Verantwortlichkeit* enthielt. Die Abmahnung hieß *Verweis* oder *strenger Verweis*. Über Streitfälle entschied die *Konfliktkommission* im Betrieb, die als *gesellschaftliches Organ* auch für leichte Fälle von Kriminalität (Ladendiebstahl o. Ä.) zuständig war, oder das zuständige Arbeitsgericht. Vor Gericht waren *gesellschaftliche Ankläger* und *Verteidiger* zugelassen.

Fast alle Werktätigen waren im *Freien Deutschen Gewerkschaftsbund (FDGB)* organisiert, dessen *Feriendienst* und *Ferienheime* seinen weitaus beliebtesten Zweig repräsentierten. Wie die Partei war auch die Gewerkschaft straff organisiert, jede *Gewerkschaftsgruppe* wählte einen *Gewerkschaftsvertrauensmann*, der häufig eine Frau war und regelmäßig an der *Vertrauensleutevollversammlung (VVV)* teilnahm, einen Kassierer, der gleichzeitig die *Soli-Marken* für das (freiwillige) *Solidaritätsaufkommen* bereithielt, und den *SV- (Sozialversicherungs) Bevollmächtigten*. Die nächsthöhere Instanz war die *Abteilungsgewerk-*

schaftsleitung (AGL), die von der *Betriebsgewerkschaftsleitung (BGL)* mit zahlreichen Unterkommissionen und einem (in Großbetrieben *hauptamtlichen*) *BGL-Vorsitzenden*, *BeGeEller* genannt, *angeleitet* wurde. Wichtigster Bestandteil der monatlichen *Gewerkschaftsgruppenversammlung* jedes *Kollektivs* war die *Schule der sozialistischen Arbeit*, eine Form der *Rotlichtbestrahlung*. Der Begriff *Produktionsberatung* wurde zunehmend ironisch für freiwillige oder unfreiwillige Arbeitspausen, z. B. infolge *Materialmangels*, gebraucht.

Für jede AK benötigte man eine zu beantragende *Planstelle*, die *Arbeitsaufgaben* waren in einem *Funktionsplan* festgelegt. Verfügte der Werktätige über die notwendige *positive, parteiliche und klassenbewusste Einstellung zur Arbeit*, konnte er in einer *Komplexbrigade* zum *Schrittmacher* werden, dessen Porträt die *Straße der Besten* schmückte und der zur *Bestarbeiterkonferenz* delegiert wurde. Mit Vorschlägen bei *Ideenkonferenzen* oder mit *Selbstverpflichtungen* konnte er zur *Eigenerwirtschaftung von Mitteln*, ja sogar zur *Störfreimachung* durch *Importablösung* beitragen und bei entsprechender *Zielsetzung* manche *Sofortprämie* einstreichen. Möglicherweise erhielt er eine *Auszeichnungsreise* oder konnte als *Verdienter Werktätiger* seines Industriezweigs eine *hohe staatliche Auszeichnung* in Empfang nehmen. Sowjetischem Vorbild getreu, gab es *Verdiente* und *Hervorragende Erfinder*, *Wissenschaftler (des Volkes)*, *Genossenschaftsbauern*, *Jungaktivisten* usw., außerdem *Werk-*

tätige und *Kollektive*, die man zum 1. Mai oder 7. Oktober *(Tag der Republik)* mit dem Titel *Held der Arbeit* oder dem Orden *Banner der Arbeit* ehrte.

Entwickelte sich der Werktätige weniger positiv oder gar zum *Bummelanten* mit *Fehlschichten*, fiel seine schriftliche *Beurteilung* negativ aus, und man führte ein *Kadergespräch* mit ihm, an dem ein *Gewerkschaftsvertreter* teilnahm.

Mit seinem *Kollektiv* stand jeder Werktätige im *sozialistischen Wettbewerb* und im *Titelkampf*, dem *Kampf um den* inflationären Titel *Kollektiv der sozialistischen Arbeit* nämlich, bei dem auch die *kulturellen Aktivitäten*, die Arbeit als *Patenbrigade* in Kindergärten und Schulen, die *Neuererarbeit* und das *Brigadetagebuch* bewertet wurden. Für die planmäßige Arbeit in der *Neuererbewegung* war das *Büro für Neuererwesen (BfN)* zuständig, das die *N-vorschläge* aus den *N-kollektiven* prüfte, dem *Besonderen Gremium N-arbeit* vorlegte und der *Realisierung* gemäß *N-vereinbarung* zuführte sowie dafür sorgte, dass *Neuerungen* und *N-methoden breit popularisiert* und *nachgenutzt* wurden, wofür die *Neuerer* mitunter stattliche *N-vergütungen* kassierten.

Für die vielfältigen Aufgaben wurden neben den *Fachkadern* vor allem *Leiter*, sprich *Leiterpersönlichkeiten*, benötigt, die (für vergleichsweise wenig Geld) im *Leitungskollektiv der Leitungskader* als dem entsprechendem *Leitungsorgan* die *Leitungsinstrumente* und *Leitungsmethoden anzuwenden* und *durchzusetzen* hatten. Dazu gehörten keineswegs nur die rein *betrieblichen Belange* von der *betrieblichen Forderung* (der Unerfüllbarkeit wegen auch *betrübliche F.* genannt) über die *Investvorlage* für den *Gutachterausschuss* bis hin zur *materiellen Absicherung der Vorhaben*. Egal, ob man in das *Jeansprogramm eingebunden* war, ein anderes *Beisortiment* der *1000 kleinen Dinge* herstellte, in der *Gestattungsproduktion* Schuhe und Zigaretten für den *Inlandsexport* fertigte oder die *Schlüsseltechnologie* für *Industrieroboter* entwickelte – ein *Leiter* hatte sich um tausend weitere Dinge zu kümmern, und sei es die *Abwärme* oder andere *Abprodukte*. Der Begriff *Halbleiter* hatte in der DDR mindest eine Doppelbedeutung.

Als besonders verwerflich galt die ausschließlich auf Quantität orientierte *Tonnenideologie*, sollte doch jedes *Finalprodukt* möglichst das *Gütezeichen Q* erreichen. Die Zauberworte *operativ*, *Integration*, *Koordinierung* und *Kooperation* halfen dabei selten.

Die gesamte Fertigung in jedem *Produktionsbetrieb*, auch dem *halbstaatlichen*, beruhte auf den *Planvorgaben* des vom jeweiligen Parteitag *abgesegneten Fünfjahrplans* und des *Jahresvolkswirtschaftsplans*, die wiederum *der Perspektivplanung auf der Grundlage prognostischer Einschätzungen* entsprangen. Nach dem *Planangebot* fanden eine *Planabstimmung* und mit den Werktätigen eine *Plandiskussion* statt, die an den hohen *Planauflagen* wenig änderten.

Den *aktuellen Gegebenheiten und Erfordernissen entsprechend*, existierten außerdem die *Intensivierungskonzeption* und der *Rationalisierungsplan*, der

Plan der technisch-organisatorischen Maßnahmen (TOM), die *Planung der wissenschaftlichen Arbeitsorganisation (WAO)*, die *Produktions-*, *Kapazitäts-*, *Materialbedarfs-* und *Invest(itions)planung*, um die *materiell-technische Basis abzusichern*, dazu der *Aussonderungsplan* für *Grundmittel*, deren *moralischer Verschleiß* und *normative Nutzungsdauer* häufig um Jahrzehnte überschritten waren, samt *Schrottplan* und *Planung des Sekundärrohstoffaufkommens*.

Vom *Generalauftragnehmer* bedeutender *Objekte* wie von jedem *Finalproduzenten* wurde *Termintreue* verlangt, besser noch ein *Plan-* oder *Terminvorsprung*, um das *Plansilvester* vorzuverlegen und einer *Vertragsstrafe* vor dem *Vertragsgericht* zu entgehen.

VK/DK (*Vergaserkraftstoff*, gemeinhin als Benzin bekannt, und *Dieselkraftstoff*) mussten geplant und eingespart werden. Der *Energiebeauftragte* überwachte die Einhaltung des *Energieeinsparungskoeffizienten*, der *Sicherheitsinspektor* die Einhaltung der *Arbeitsschutzanordnungen* und die monatliche *Durchführung der Arbeitsschutzbelehrungen*.

Die Allgegenwart der *Firma* und ihrer als *Sicherheitsbeauftragte* oder *Inspekteure* getarnten Mitarbeiter war allgemein bekannt. Der *Geheimnisschutz* unterlag speziellen Regelungen und Kontrollen. Dass außerdem *OibEs* herumspitzelten, *Offiziere* (der Staatssicherheit) *im besonderen Einsatz*, und ihre *IM*, die *inoffiziellen Mitarbeiter*, führten, erfuhr man erst nach der Wende.

Krippentauglich bis zur MMM
Kinder, Jugend, Bildung und Sport

In der straff organisierten DDR mit ihrem *einheitlichen sozialistischen Bildungssystem*, dessen erklärtes Ziel *die Bildung und Erziehung allseitig und harmonisch entwickelter sozialistischer Persönlichkeiten* war, *die bewusst das gesellschaftliche Leben gestalten, die Natur verändern und ein erfülltes, glückliches, menschenwürdiges Leben führen*, kümmerte sich das *Ministerium für Volksbildung* bereits um die Kleinsten. War die *Krippentauglichkeit* eines Kindes (eventuell für die *Wochenkrippe*) festgestellt, stand der *planmäßigen Bildung und Erziehung* in den Vorschuleinrichtungen, den *polytechnischen Oberschulen* (*POS*, Klasse eins bis zehn) oder im unerfreulichsten Fall in *sonderpädagogischen Einrichtungen* nichts mehr im Wege.

Lehrer oder ausgebildete Erzieherinnen betreuten den *Früh-* und den nachmittäglichen *Schulhort*. In den ersten Schuljahren bewerteten *Bienchen* statt Zensuren die Leistungen der *Jungen Pioniere*. Dieser nach sowjetischem Vorbild geformten Organisation gehörten fast alle Kinder an, die mit dem *Pioniergruß* aufwuchsen: *Seid bereit – Immer bereit!* Frühzeitig lernten sie, die *Pioniergesetze* zu achten, ihr anfangs blaues Halstuch zu ehren und einen *Gruppenrat* zu wählen, mit einem *Gruppenratsvorsitzenden*, einem *Agitator* und weiteren *Funktionären* – die *gesellschaftliche Arbeit* konnte gar nicht früh genug beginnen. Zum *Lehrerkollektiv* der Schule gehörten *Pionierleiter(innen)*, die den *Freundschaftsrat* anleiteten und die *Pioniernachmittage* organisierten, was gerne auf die Klassenlehrer(innen) abgewälzt wurde. Einmal im Monat tagte das Kollektiv als *Pädagogischer Rat*, eine Sitzung, an der auch der Vorsitzende des *Elternbeirates* der Schule teilnahm. Jede Klasse hatte ein *Elternaktiv*. Vor den Elternversammlungen fanden bei auftretenden ideologischen Problemen (etwa Diskussionen über Kleidung, Haarschnitt oder Westfernsehen) *Genossenelternversammlungen* statt, um *die Linie vorzuberaten* und *vorzugeben*.

Alle Schüler wurden nach einem *zentralen Lehrplan* unterrichtet, erwarben im Sportunterricht die *Schwimmstufe* und besaßen neben dem *Pionierausweis* ein *Teilnehmerheft* für das Ferien- oder *Pionierlager* oder die Ferienspiele. Für gute Kenntnisse im Straßenverkehr gab es die *Goldene Eins*. Zur Verbesserung der *Lernatmosphäre* und Steigerung der *Lernerfolge* fand jährlich eine *Lernkonferenz* statt. Gute Schüler übernahmen *Lernpatenschaften* für leistungsschwächere. Alle Schüler nahmen an der jährlichen *Mathematikolympiade* teil, die bis zum *DDR-Ausscheid* und innerhalb der *sozialistischen Staatengemeinschaft* geführt wurde. Gute Fachnoten (von Eins bis Fünf) allein genügten nicht. Auf den Zeugnissen standen, altdeutscher Tradition getreu, obenan die gewichtigen *Verhaltens-* oder *Kopfnoten* für Ordnung, Betragen, Fleiß und Mitarbeit.

In der DDR gab es eine *Begabtenförderung* für musikalisch oder mathematisch besonders Begabte, in speziellen *R-Klassen* wurde *verstärkter Russischunterricht* erteilt, der ein späteres Studium in der Sowjetunion erleichtern sollte. Sportliche Talente erfuhren frühzeitig eine *Sonderförderung* an den *Kinder- und Jugendsportschulen* und fuhren in den Ferien in *Spezialistenlager*.

Jede Schulwoche begann mit einem *Fahnenappell*, jede Unterrichtsstunde mit der *Meldung der Unterrichtsbereitschaft*. In der fünften Klasse wurden aus den *Jungen Pionieren* die *Thälmannpioniere* mit rotem Halstuch, in der achten schließlich *FDJler*, Mitglieder der *Freien Deutschen Jugend*, die das *Blauhemd* mit dem *Sonnenemblem* auf dem Ärmel tragen sollten, einen *FDJ-Sekretär* wählten und am *FDJ-Studienjahr* teilnahmen.

In Vorbereitung auf die beinahe obligatorische *Jugendweihe* fanden zehn *Jugendstunden* statt, deren Motto jeweils vom *Zentralen Ausschuss für Jugendweihe* vorgegeben war. Dass manche Kinder dennoch eher zur kirchlichen *Jungen Gemeinde* tendierten und sich konfirmieren ließen, wurde weniger gern gesehen und beeinflusste die mögliche Delegierung zur *EOS (Erweiterte Oberschule mit Abiturstufe)* negativ. *Arbeiter- und Bauernkinder* wurden besonders gefördert, die Jungen sollten möglichst spätere *Offiziersbewerber* sein.

Im Rahmen der *polytechnischen Ausbildung* war wöchentlich ein *Unterrichtstag in der sozialistischen Produktion (UTP)* obligatorisch, auf den die Schulen mit dem Unterrichtsfach *Einführung in die sozialistische Produktion (ESP)* vorbereiteten, wobei die Schüler häufig deprimierende Einblicke in die Realität der *sozialistischen Produktion* gewannen. Die Betriebe hatten geeignete Lehrkräfte zu benennen und spezielle *polytechnische Kabinette* einzurichten. *Kabinett*, als Bezeichnung für die Regierung verpönt, wurde oft im Zusammenhang mit Räumlichkeiten für Tradition und Ausbildung verwendet *(militärpolitisches Kabinett, pädagogisches Fachkabinett, Sprachkabinett)*.

Die *Wehrerziehung* war ein wichtiger Bestandteil der Bildungs- und Erziehungsarbeit in Kindergärten und Schulen. Die entsprechende vormilitärische Organisation hieß *Gesellschaft für Sport und Technik (GST)*. Seit 1978 wurde ab der 9. Klasse *Wehrkunde* unterrichtet, zu der eine *Wehrausbildung* der Jungen im *Wehrlager* gehörte. Mädchen wurden für die *Zivilverteidigung* ausgebildet. Die GST veranstaltete in Schulen und Betrieben *Wehrspartakiaden*, die Teilnahme an den militärischen *Hans-Beimler-Wettkämpfen* war obligatorisch.

Für die Schüler der EOS, unterrichtet von *Oberstufenlehrern*, waren gute Zensuren im Fach *Staatsbürgerkunde* (ursprünglich *Gegenwartskunde*) und die *Bekundung der Verteidigungsbereitschaft* ein erforderliches Lippenbekenntnis. Ein Studienplatz in gefragten Fächern setzte eine *freiwillige Verpflichtung* zur Verlängerung des 18-monatigen *Ehrendienstes (bei der Fahne)* auf drei Jahre voraus. Der *freiwillige Zwang* gehörte zu den früh *anerzogenen* Alltäglichkeiten des sozialistischen Lebens.

Neben der EOS gab es die *Berufsausbildung mit Abitur*, die nach drei Jahren mit der Hochschulreife und einem *Facharbeiterbrief* endete. Einen Facharbeiterbrief konnte man (ebenso wie das Abitur) auch auf dem Wege der *Erwachsenenqualifizierung* erwerben. In den ersten Jahrzehnten der DDR boten *Arbeiter- und Bauernfakultäten* an einigen Universitäten und Hochschulen zusätzliche Möglichkeiten zum Erwerb der Hochschulreife an.

Lehrlinge wurden üblicherweise von *Lehrausbildern* in *Zentralen Ausbildungsstätten* und von *Lehrfacharbeitern* im Betrieb auf ihre künftige Tätigkeit vorbereitet. Die Berufsbezeichnungen der *Jung-Facharbeiter* klangen bei aller Genauigkeit mitunter befremdlich. Als *Junge Neuerer* stellten sie ihre Exponate im Rahmen der *MMM-Bewegung* auf der *Messe der Meister von Morgen* aus.

Die *Jugendarbeit* und das *frohe Jugendleben* unterlagen der besonderen *Jugendpolitik* und *Jugendförderung*, es galt ein *Jugendgesetz*, und für die *Jugendfreunde*, von denen manche in *Jugendkollektiven* und *Jugendobjekten* tätig waren, bei der *Jugendmode (Jumo)* einkauften und mit *Jugendtourist* verreisten, wurden in den *Jugendklubs Jugendforen* veranstaltet. *Jugend-* und *Freundschaftstreffen*, das *Festival des Politischen Liedes* und die international orientierten

Weltfestspiele waren weitere Höhepunkte im Jugendleben. Der *Jugendfunk* (später *DT 64*, ein Sender, der nur mit seinem Kürzel an das *Deutschlandtreffen* von 1964 erinnerte) spielte *jugendgemäße Musik* nach dem gesetzlich verordneten *60 zu 40-Schlüssel* (Verhältnis Osttitel zu Westtiteln), der verbindlich auch für die *Beatgruppen* und die zahlreichen *Schallplattenunterhalter* galt, jedoch selten eingehalten wurde. Die anderswo DJ Genannten mussten ebenso wie Musiker, Sänger und Zauberkünstler ihre Befähigung mit einen *Berufsausweis* (*die Pappe* genannt) nachweisen, an den die Ersteinstufung der Gage gekoppelt war. Aktive Jugendliche erwarben das *Abzeichen für Gutes Wissen in Bronze*, *Silber* oder *Gold* oder betätigten sich nach dem Muster des *Oktoberklubs* in der *Singebewegung*, andere nahmen als *Junge Talente* am *Poetenseminar der FDJ* teil. 18-Jährige belehrte man auf einem *Jungwählerforum* über die *sozialistische Demokratie* und das pünktliche *Zettelfalten*.

In den Betrieben deckten *FDJ-Kontrollposten* Mängel auf, und *FDJ-Ordnungsgruppen* unterstützten die *Sicherheitskräfte*. Wider Erwarten gab es Jugendliche, die von der *Norm* abwichen. Auf die wartete ein wenig erfreuliches *Jugendhaus* und am Ende der gefängnisgleiche *Jugendwerkhof*. *Berufsjugendliche* hingegen waren langjährig dienende *FDJ-Funktionäre* im *Zentralrat*, von dessen Vorsitz auch Erich Honecker mit fast 43 Jahren zu höheren Weihen abberufen worden war.

Hatte ein Abiturient *seinen Ehrendienst im Ehren-*

kleid der Nationalen Volksarmee (NVA) absolviert und einen Studienplatz ergattert, ohne in eine andere Studienrichtung *umgelenkt* zu werden, so konnte er pfeilgerade zum *Diplomgesellschaftswissenschaftler* oder *Diplomphilosophen* avancieren, um nur zwei der wichtigsten Diplome zu nennen. Das *gesellschaftswissenschaftliche Grundstudium*, sprich *ML (Marxismus-Leninismus)*, gehörte zu jedem Studium, egal ob jemand *Direkt-*, *Fern-* oder *Abendstudent* war, ein *Frauen-* oder ein anderes *Sonderstudium* absolvierte oder die *Maleweibi (Marxistisch-Leninistische Weiterbildung)* für das spätere Fortkommen nach der *Absolventenlenkung* und *-vermittlung* betrieb. Der *dialektische Materialismus* war die Grundlage allen Wissens. *Die Lehre von Karl Marx*, hieß es in einer These zum Karl-Marx-Jahr, *ist allmächtig, weil sie wahr ist.* Solange die Stasi über den Sozialismus wachte, war der Satz auch umgekehrt gültig, wie manche zu spüren bekamen.

Das Studium endete mit der *Diplomarbeit* und deren *Verteidigung*. Zur Promotion führten u. a. *postgraduale Zusatzstudien*, die *(Frauensonder-)Aspirantur* oder das *Forschungsstudium* mit einem *Forschungsauftrag* für ein *Forschungskollektiv*. Mit der *Promotion B* (Habilitation) wurde der *Doktor der Wissenschaften (Dr. sc.)* vergeben.

Jeder Student, von dem der Staat dauerhafte Treue und Dankbarkeit für die Ausbildung erwartete, erhielt ein *(Leistungs-)Stipendium*, das anders als das Bafög nicht zurückgezahlt werden musste. Alle gehörten einer *Seminargruppe* an, die besonders bei den *Gesellschaftswissenschaftlern* häufig identisch mit der *FDJ*- und der *Parteigruppe* war. Das *Studienjahr* begann mit der *roten Woche* und ihren *politisch-ideologischen Vorgaben* und endete mit dem Einsatz von *Studentenbrigaden* im *Studentensommer*. Die beliebten *Ernte*- und *Kartoffeleinsätze* waren in den letzten Jahren nicht mehr nötig.

Welche Hochachtung, Förderung und besondere medizinische Betreuung *Leistungssportler* in der DDR genossen, ist bekannt. Von Doping war nie die Rede, allenfalls von *leistungssteigernden Vitaminen*. Der Breitensport in den *Betriebssportgemeinschaften (BSG)* hielt sich auf niedrigerem Niveau. Potenzielle *Leistungskader* wurden früh ausgesucht, um als spätere *Meister des Sports* und *Olympiakader* zum Ruhm der DDR anzutreten und eventuell an der *Deutschen Hochschule für Körperkultur (DHFK)* in Leipzig zu studieren, wo der *Deutsche Turn- und Sportbund der DDR (DTSB)* das *(Deutsche) Turn- und Sportfest der DDR* veranstaltete.

Die -schaffenden und der Bücherminister
Intelligenz und Kultur

Ein zwiespältiges Verhältnis entwickelte die *Staatsmacht* in der DDR zu den *Angehörigen der sozialen Schicht der Intelligenz*, der *schöpferisch Tätigen*, den *berufsmäßig Geistesschaffenden* also, zu denen a priori weder *Partei- und Staatsfunktionäre* noch Offiziere zählten. Das Wohlwollen ausdrückende Anhängsel *-schaffende* gehörte zu den Standardvokabeln, und bald gab es neben den *Kultur-*, *Film-* und *Bühnenschaffenden* auch *Bau-* oder *Fernsehschaffende*. Bis zur Errichtung eines besonderen Meisterwerkes der Baukunst, der Mauer, hofierte und privilegierte man die *Intelligenz* bzw. die *Intelligenzler* (ein eher abwertender Begriff) durch lukrative *Einzelverträge* und *Intelligenzrenten*, später wollte man nicht einmal mehr ihre Kinder studieren lassen, obwohl es an der *Heranbildung einer neuen sozialistischen Intelligenz* offensichtlich haperte.

Nur eine kleinere Schicht möglichst angepasster und vor allem *ideologisch gefestigter Intelligenzler* und Künstler, im besten Fall als *Nationalpreisträger (NPT)* ausgewiesen, kam weiterhin in den Genuss von Privilegien. In den Bezirksstädten der DDR existierten *Klubs der Intelligenz*, in Berlin ein *Klub der Kulturschaffenden* und der bereits von den sowjetischen Kulturoffizieren eingerichtete *Künstlerklub Die Möwe*. Dem *Klub Junger Künstler* im späteren *Haus der Jungen Talente* in der Berliner Klosterstraße war 1957/58 ein nur kurzes Leben beschieden, die FDJ-Zeitschriften *Junge Kunst* und *Temperamente* verschlissen beinahe mehr Chefredakteure und Redakteure, als Hefte in den Verkauf gelangten. Dennoch stand die *Förderung Junger Talente* hoch im Kurs.

Kultur wurde überhaupt großgeschrieben, das *kulturelle Erbe* oder *humanistische Kulturerbe* galt als eine der Säulen der glücklicherweise nie konsequent durchgeführten *sozialistischen Kulturrevolution*. Für die Kultur war zunächst eine *Staatliche Kommission für Kunstangelegenheiten* zuständig, ab 1954 ein *Kulturminister*, dessen *Stellvertreter* für Film (*Filmminister* für die einzige Filmgesellschaft *DEFA*), Theater, Kabarett, Zirkus und Varieté, Musik und Unterhaltungskunst verantwortlich waren. Ein *Stellvertreter* übte als *Leiter der Hauptverwaltung Verlage und Buchhandel* das Amt des obersten Literaturzensors aus, der die unabdingbare *Druckgenehmigung* erteilte und sich selber als *Bücherminister* bezeichnete. Ein *Druckgenehmigungsverfahren* galt praktisch für jedes zu bedruckende Blatt Papier, die Technologie und Technik des Kopierens war in der DDR weitgehend unbekannt und keinesfalls privat nutzbar.

Der *Schaffensprozess* für die Künstler in der DDR unterlag den jeweils geltenden ideologischen Vorgaben, die entstehenden Werke hatten dem *sozialisti-*

schen Realismus zu entsprechen, einer eher nebulös theoretischen Methode, die Realität nicht etwa realistisch (dafür galt das Schimpfwort *naturalistisch*), sondern im Sinne der *Parteilichkeit* beschönigend darzustellen. Der Dramatiker Peter Hacks ironisierte diese Methode als *das Wahrliche*: «[...] ausschließlich dasjenige, wovon uns angenehm ist, dass es ist.»

Kulturelle Massenarbeit sollte der *Kulturbund* leisten, der erst *Kulturbund zur demokratischen Erneuerung Deutschlands* hieß, dann *Deutscher Kulturbund* und schließlich *KB der DDR*. In der zur *Nationalen Front* gehörenden und in der Volkskammer vertretenen *Massenorganisation* waren hauptsächlich die Heimatforscher und Sammler organisiert. 1954 kam die *Gesellschaft zur Verbreitung wissenschaftlicher Kenntnisse* (ab 1966 Urania genannt) hinzu, und aus den *zentralen Arbeitskreisen* des KB entstanden weitere Fachgesellschaften.

Das *geistig-kulturelle Leben der Massen* bestimmten eher das Kino (*Landfilm* und *Filmtheater der Kreislichtspielbetriebe*), die zahlreichen Theater und Orchester (*Klangkörper* genannt) und das Fernsehen, von weniger Wohlmeinenden *Royal Television* getauft.

Nur das zeitweise sehr freizügig agierende *Fernsehballett* erfreute sich allgemeiner Beliebtheit, und alljährlich wählten die Zuschauer ihre *Fernsehlieblinge*. *Sudel-Ede* (K. E. von Schnitzler) gehörte zwischen 1966 und 1971 angeblich mehrfach dazu, aber Wahlen hatten in der DDR ohnehin ihre Besonderheiten. Die physikalische Einheit *ein Schni* jedenfalls war die Zeit, die man benötigte, um nach dem *Montagsfilm* (der UFA) noch vor Schnitzlers *Der Schwarze Kanal* um- oder abzuschalten. Fernbedienungen gab es noch nicht. Erst in der Spätzeit des real deformierten Sozialismus waren im *Tal der Ahnungslosen* (ZDF-ARD: *Zentrales Deutsches Fernsehen – außer Raum Dresden*) *Antennengemeinschaften* für den Empfang des *Westfernsehens* möglich.

Von den kulturpolitischen Wellen der *Parteilinie* und der *Kulturfunktionäre (kulturpolitische Mitarbeiter)* spürte die Bevölkerung nur die Ausläufer und bezahlte im Kino willig die *Kulturabgabe* von 0,05 Mark pro Eintrittskarte *(Kultursechser)*. Damit wurde der *Kulturfonds der DDR* finanziert, aus dem u. a. *Förderungsverträge* mit Künstlern bezahlt wurden.

In den Betrieben, wo es meist einen *Kulturraum* oder *-saal* und eventuell ein *Kulturensemble* gab, war der *Kultur- und Bildungsplan* fester Bestandteil. In den Gewerkschaftsgruppen kümmerte sich ein *Kulturobmann* um die *kulturellen Belange*. Eine größere Rolle spielte das *Künstlerische Volksschaffen* mit *Volkskunst-* und *Arbeiterensembles*, beheimatet in *Kreiskulturhäusern* oder anderen *Kulturstätten*. Hierher gehörten auch die *Zirkel schreibender Arbeiter*, nach der *Bitterfelder Konferenz* auf den *Bitterfelder Weg* der *Arbeiterliteratur* gebracht und häufig von Schriftstellern als *Zirkelleiter* angeleitet.

Alljährlich fanden *Arbeiterfestspiele* für die *Laienkünstler* statt. Doch selbst die *Laienkabaretts* und die *Arbeitertheater* unterlagen mit ihren Aufführungen den kleinlichen Zensurvorschriften der *Provinzfürsten*, der örtlichen oder territorialen Parteisekretäre und deren Hofstaat. Die verstanden es, sich mit den *zuständigen Organen kurzzuschließen* und ihre Forderungen *durchzustellen.*

Frei- oder *Einzelschaffend* waren viele *Bildende Künstler* und etliche der im *(Deutschen) Schriftstellerverband der DDR* organisierten Autoren und Übersetzer. Dolmetscher hießen *Sprachmittler*, Designer *Formgestalter*, und Stadtführer wurden zu *Stadtbilderklärern.* Der *III. Deutsche Schriftstellerkongress* hatte übrigens im Mai 1952 ein *Manifest «Für die unteilbare deutsche Sprache»* beschlossen.

Schriftsteller, die selbstverständlich keine *Schund- und Schmutzliteratur* verfassen und auch sonst nicht anecken sollten – so etwas taten nur *gewisse Typen* –, erfreuten sich großer Popularität, wie sich bei jedem *Schriftstellerbasar* erwies. Als *Ingenieure der Seele*, wie Stalin ihre Berufsgruppe bezeichnet hatte, empfanden sie sich nicht mehr, und die wissenschaftlich prophezeite *Herausbildung und Entfaltung der sozialistischen Nationalliteratur der DDR* blieb ein germanistisch-sozialistischer Wunschtraum.

Übrigens lieferten auch die Kirchen eine kleinen Beitrag zur Sprache des Landes: *Schwerter zu Pflugscharen* war ein Slogan, der ungeahnte Popularität gewann. Wörter wie *Friedensdekade* oder *Mahnwache* tauchten im Sprachgebrauch auf, und die *Umweltblätter* der *Umweltbibliothek* waren eine von vielen oppositionellen Schriften.

Klärung eines Sachverhalts
Rechtspflege, Sicherheitsorgane und Militär

Klärung eines Sachverhalts lautete die übliche Formel in einer Vorladung oder bei der *Zuführung* eines Delinquenten durch die *Volkspolizei (VP)*, *Abteilung K (Kriminalpolizei)*, oder ein anderes *Ermittlungs- oder Untersuchungsorgan*, womit gewöhnlich das MfS gemeint war, das nicht nur ein Geheimdienst, sondern vor allem auch eine Geheimpolizei war und sich einer ganz eigenen Terminologie bediente. Die wurde erst nach der Wende zur öffentlich bekannten DDR-Sprache. *Geheime Informatoren (GI)*, *gesellschaftliche* bzw. *inoffizielle Mitarbeiter* (*GMS* und *IM* aller Schattierungen) *lagen* ebenso wie die *operativ zu bearbeitenden Problembürger* jeweils bei einer bestimmten Abteilung des Ministeriums, einer *Bezirks-*, *Objekt-* oder *Kreisverwaltung ein*. Es gab *kerblochkartenerfasste* und mittels *operativer Personenkontrolle (OPK)* Überwachte, und mancher, der sich durchaus freundlich-positiv gegenüber dem Staat verhalten hatte, erfuhr erst aus den Akten von seiner vermuteten *feindlich-negativen* Haltung. Festgenommene kamen nicht in eine Zelle, sondern in den *Verwahrraum* einer *Haftanstalt*.

Einen Einblick in den geheimen Wortschatz bis hin zu den *besonderen* und *schwerwiegenden Vorkomm-*

nissen und der *Vorkommnisuntersuchung* bieten die umfangreiche Fachliteratur und die Themenübersicht der Promotionsarbeiten an der Stasi-internen *Juristischen Hochschule Potsdam*. Viele höhere MfS-Kader verspürten den Drang zu akademischen Würden. Ein Oberstleutnant gab an: »Ich habe den Beruf eines Tschekisten *auf der Linie Abwehr* erlernt. Des Weiteren bin ich *Staatsdiplomwirtschaftler* und *Finanzökonom*.« In Wahrheit war er wie viele *Funktionäre Diplom-Staatswissenschaftler* (und hatte nebenbei rund dreißig Millionen auf die Seite geschafft, bevor er in der Stasi-Haft starb).

Neben der Stasi, deren Mitarbeiter sich gerne als *Behördenangestellte* tarnten, gab es andere *zentrale Organe der Staatsmacht* und deren *Vertreter im Territorium*, wie z. B. den *Abschnittsbevollmächtigten (ABV der VP)* oder die *örtlichen Justizorgane*. Formal und sprachlich unterschied sich die *sozialistische Rechtsprechung* wenig von der bürgerlichen, das Strafgesetzbuch führte allerdings zusätzliche Straftatbestände an, die vom *asozialen Verhalten* über die *Herabwürdigung*, die *Republikflucht* und den *staatsfeindlichen Menschenhandel* bis zum *landesverräterischen Treuebruch* und zur *Staatsverleumdung* reichten. Auch die Strafen unterschieden sich. Im mildesten Falle begannen sie mit einem *öffentlichen Tadel*, einer *Arbeitsplatzbindung* oder der *Arbeitserziehung*, es wurden *Auflagen erteilt* wie *Aufenthaltsbeschränkung* und *Aufenthaltsverbot*. Gegen nicht genehme Gerichtsentscheidungen meldete der Staatsanwalt

Protest an, beim *Obersten Gericht (OG)* konnte die *Kassation* eines Urteils beantragt und mitunter auch durchgesetzt werden.

Rechtsanwälte waren in *Rechtsanwaltskollegien* tätig, soweit sie nicht eine Sonderstellung in jenem nahezu rechtsfreien Raum einnahmen, der im Zusammenhang mit der *Genehmigung zur ständigen Ausreise* und dem damit verbundenen *Ausbürgerungsantrag* existierte. Verliefen etwaige *Rückgewinnungsgespräche* erfolglos, blieb der Status des *Übersiedlungsersuchenden* im Ungewissen. Die *Ausbürgerung* als Strafe erinnerte an schlimmste sowjetische und NS-Traditionen.

Theoretisch konnte jeder Bürger, sofern ihn die eigenen falschen Angaben in der *Kontakterklärung* und/oder seine *Dienststellung* nicht hinderten, bei der zuständigen *Meldestelle der Deutschen Volkspolizei* (*VP*, Vopo war eine verpönte Westabkürzung wie etwa SSD für Stasi in der Frühzeit) einen Antrag auf *Ausreise aus der DDR* für eine *Besuchsreise in dringenden Familienangelegenheiten* stellen. Einige Wochen lang hatte er den *Entscheid* eines ungenannt bleibenden *Organs* abzuwarten, von dem sein Antrag *abschlägig beschieden* werden konnte, und erhielt bei Zustimmung einen Pass mit einem *Visum zur ein-* bzw. *mehrmaligen Ausreise*, eine *Zählkarte* mit Angaben zu den *Personalien des zu Besuchenden*, eine Zoll- und Devisenerklärung und ein Merkblatt mit *Hinweisen über zoll- und devisenrechtliche Bestimmungen der DDR*. Beispielsweise durften keine

Untertrikotagen und Strumpfwaren, Tapeten und Tapetenklebstoffe, Zucker, Zwiebeln und Kokosraspeln, Magnettonbänder und andere *Tonträger* außer Schallplatten ausgeführt werden.

Als *Hadschi* (Mekkapilger im Islam) kehrte der Ausgereiste zurück: Im *Goldenen Westen* hatte er am Grabe des *parasitären, verfaulenden, absterbenden Monopolkapitalismus* gestanden und dessen Prachtentfaltung bewundert. Im Prinzip war es dort nicht anders als zu Hause: *Für Westgeld gab es alles.* Mit der begehrten Währung wurden denn auch Tausende DDR-Bürger freigekauft – natürlich wieder ein *verleumderisches* Westwort.

Für die Passkontrollen und die *Sicherung des Reiseverkehrs* an den *Grenzübergangsstellen (GÜST)* der *Staatsgrenze* waren die Angehörigen der *Hauptabteilung VI (HA VI) des MfS* in Zusammenarbeit mit den *Grenztruppen* zuständig, von den Einreisenden gewöhnlich für *Vopos* oder *Grenzpolizisten* gehalten. Für Besucher mit dem ständigen Wohnsitz in der *selbständigen politischen Einheit Westberlin* war die Einreise mit einem *Passierschein* möglich, beantragt und ausgegeben in vorgeblich der *Deutschen Post* (der DDR) unterstehenden *Passierscheinstellen* in Berlin (West) – so die amtliche Bezeichnung im Westen. Alle anderen Besucher benötigten ein *Tagesvisum*, und allen war ein *Pflichtumtausch* vorgeschrieben, der im Westen Zwangsumtausch oder Eintritt hieß. Die HA VI war auch für die Überwachung der *Interhotels* und der *Transitautobahnen* zuständig.

Die 1961 auf *Beschluss des Nationalen Verteidigungsrates* aus der *Deutschen Grenzpolizei (DGP)* hervorgegangenen *Grenztruppen der DDR* unterstanden dem *Minister für Nationale Verteidigung*. Ihnen oblag das *Grenzregime*. Die tägliche *Vergatterungsformel* vor dem Postenwachaufzug enthielt bis Mitte der 1980er Jahre die Formulierung: *Grenzverletzer [sind] vorläufig festzunehmen oder zu vernichten.* Das Nähere regelten zahllose *Grenzdirektiven* sowie die *Schusswaffengebrauchsbestimmungen*, im Westen als Schießbefehl bezeichnet.

Das *zentrale Führungsorgan* der *Grenzkommandos* residierte in Pätz bei Potsdam, in Berlin fungierte der *Stadtkommandant* als Kommandeur. An der *Offiziershochschule (OHS)* in Suhl wurden die *Grenzoffiziere* zu *klassengestählten Kämpfern für Frieden und Sozialismus* ausgebildet, von denen *Hass auf den Klassenfeind* ebenso erwartet wurde wie eine gewisse *Opferbereitschaft*.

Mit der Grenze, an der die *Garde der NVA* ihren *Gefechtsdienst* oder *Frontdienst im Frieden direkt am Gegner* versah, verbinden sich eine ganze Reihe von Sprachwucherungen: *Unverletzlichkeit der Grenzlinie*, *Grenzsicherungssystem*, *Grenzaufklärer*, *Grenztruppenhelfer* oder *die Kräfte des Zusammenwirkens*, die Spitzel nämlich. Im Gegensatz zur (freundlichen) *politisch-operativen Schleusungstätigkeit* standen westliche *Sperrbrecher* und die *feindliche Schleusungstätigkeit krimineller Menschenhändler(banden)*.

Im militärischen Bereich – *bei der Fahne*, wie es in

der DDR hieß – herrschte wie eh und je ein besonderer Jargon. *Wehr(kreis-* oder *-bezirks)kommando*, *Wachaufzug*, *Stechschritt* und *Stadtkommandant* gingen auf ungute Traditionen zurück, *Warschauer Pakt*, *Bruderarmeen*, *Bezirkseinsatzkommando*, *Bausoldat*, *Längerdienender* und *Politoffizier (Politnik)* waren neu. Soldaten wurden je nach absolvierter Länge des *Ehrendienstes* als *Spritzer*, *Zwischenpisser* oder *EK (Entlassungskandidat)* bezeichnet. Die *EK-Bewegung* war vermutlich das einzig wirklich freiwillige (und deshalb streng untersagte) Unternehmen bei der Armee. Bei der *Volksmarine* waren vom *Dachs* bis zum *Resi* (Reservisten) sieben Stufen zu absolvieren, wie sich auf Traditionsseiten im Internet nachlesen lässt. Im nördlichen Volksmund hießen die Marinesoldaten *Mollies*, die hölzernen Torpedoschnellboote, von denen im August 1968 eins im Übereifer des Kommandanten unter die Schwedenfähre geriet, waren die sogenannten *Holzpantoffel*.

Industrienebel über Bergbaufolgelandschaften Euphemismen, Nonsens und was es sonst noch gab

Der Hang dazu, normale Sachverhalte und Dinge euphemistisch zu verhüllen, brachte in der DDR-Sprache eine Fülle höchst eigenwilliger Schöpfungen hervor. Die berühmtesten sind der *Neue Kurs* von 1953, der keiner war, und der *antifaschistische Schutzwall*. Es gab *Bergbaufolgelandschaften* und *Industrienebel* (statt Smog), *Bildschirmspiele*, *Brettsegeln* und *Wurfrotationsflachkegel* (Frisbees), *Hartbrandwichtel* und *Figurenkarusselle* (Weihnachtspyramiden), *Sättigungsbeilagen*, *Schokoladenhohlkörper* und *Wunschkindpillen*. Das wenigste davon hatten Satiriker erfunden.

Überraschenderweise überlebten das *Ampelmännchen* und der *Grüne Pfeil*, die *Nichtrauchergaststätte* stieg zu internationaler Anerkennung auf, und in US-amerikanischen Gaststätten wird man *platziert* wie einst im Osten. Begriffe, denen die innere Logik nicht abzusprechen ist, wie *Mahn- und Gedenkstätte*, *Schwarzinvestition*, *Schnelle Medizinische Hilfe (SMH)*, *Sprechstundenschwester*, *Mütterberatung*, *Sprachheilkindergarten*, *Traglufthalle* oder *Urlaubsplan* versteht heute noch jeder. Auch *Sauerkrautplatte* (ein Baustoff), *Schwarztaxi* oder *umrubeln* (Geld umtauschen) muss man kaum erklären. Weder

Gliedermaßstab noch *Puffmais* waren anstößig gemeint, sie bezeichneten Zollstock und Popcorn. Teppichboden hieß *Auslegeware*, *Haftschalen* waren Kontaktlinsen, und statt der Flensburger Knöllchen erhielten Kraftfahrer *Stempel* in die Beilage zur (nicht in der DDR erfundenen) *Fahrerlaubnis*.

Vergessen sind *Griletta* und *Ketwurst*. So lauteten verkorkste Benennungen für Hamburger und Hotdog. *Krusta-Stuben* boten ostdeutsche Pizza an, und Ragout fin hieß aus unerfindlichen Gründen *Würzfleisch*. Komisch sollte der unsägliche *Telespargel* klingen, für den der Volksmund zahlreiche, meist weniger stubenreine Benennungen erfand. *Trinkröhrchen* und *Luftdusche* (Fön) sollten herkömmliche Wörter ersetzen, Säcke wurden zu *Schüttgutbehältern*, Aerobic hieß *Popgymnastik* und Bodybuilding *Kulturistik*. Weshalb Saft zu *Juice* umgepresst wurde, kann niemand erklären – ein Saftladen war allemal kein Juice Shop.

Ein Teil der sonderbaren Begriffe entstammte einer Quelle, die der Autor 1981 unter dem Titel *Linguistische Unterhaltungslektüre* sanft auf die Schippe nahm:

Meine Tochter sammelt in der Wohnung ihrer Großmutter die ersten Erfahrungen mit einem Gegenstand, den sie *Ofen* nennt. Ich aber muss sie belehren, handelt es sich dabei doch schlicht um einen *Raumheizer für feste Brennstoffe*. Und Nachbars Farbfernseher heißt nicht so, sondern einfach *Fernsehrundfunkempfänger für Farbfernsehen*.

Der Born meiner linguistischen Weisheit ist jene weitverbreitete Zeitschrift, deren Titelblatt das eherne Wort Gesetz ziert, was den veröffentlichten Texten und Autoren verständlicherweise einen gewissen Schutz gegen polemischen Widerspruch aus den Büros einer breiten Lesergemeinde sichert, zu deren Nutz und Frommen das geduldige Papier bedruckt wird.

Welcher aufmerksame Abonnent ließe sich verborgene Perlen wie etwa die *Zapfenpflückerordnung* oder die *Anordnung über den Verkehr mit Hackfleisch* entgehen, die – mit unnachahmlicher sprachlicher Delikatesse formuliert – ihn Weite und Vielfalt amtlicher Festlegungen ahnen lassen. Leider geraten den Verfassern nicht alle Titel gleichermaßen einprägsam; sperrige Formulierungen wie aus der Frühzeit der Buchdruckerkunst sind eher die Regel, vor denen es nicht zu verzagen gilt.

Vielleicht interessieren ja den einen oder anderen *Textile Flächengebilde für Möbel- und Autositz-Bezug, Möbelbelag und Wandbehang*, *Ernährungs- und Beruhigungssauger* oder gar *Prozessspezifische Industrieroboter für den Industriebereich Elektrotechnik/Elektronik*. Dazu braucht man nur die *Anlage zur Anordnung Nr. 3 über die Nomenklatur für die Planung, Bilanzierung und Abrechnung von Material, Ausrüstungen und Konsumgütern zur Ausarbeitung und Durchführung der Jahresvolkswirtschaftspläne* gewissenhaft zu studieren und sich durch die Nomenklatur der 1000 kleinen Dinge hindurchzufitzen, mit all ihren Prothesenreinigern, Mostkappen und Nadeln mit Öhr, bis man auf die *quartalsweise lieferseitig abzurechnenden Bilanzen* von Schultüten und Straßenbesen, Zahnbürsten, Rasierpinseln und Klosettbürsten stößt, für die – o Wunder! – der *VEB Kombinat Musikinstrumente* zuständig ist.

Beruhigt aber nimmt man zur Kenntnis: *Im Anhang Nr. 6 des Bilanzverzeichnisses – Nomenklatur ausgewählter Erzeugnispositionen zur Durchsetzung der Hauptaufgaben der rationellen Energieumwandlung und -anwendung – sind die Positionen 131 88 600 Regenerativwärmeübertrager und Rekuperatoren für Niedertemperaturprozesse ersatzlos zu streichen.*

Seitdem lese ich die weißen Faltblätter (Gesetzblatt der DDR J. E.) mit vermehrter Aufmerksamkeit und harre der ersatzlosen Streichung jener sprachlichen Flächengebilde, die sich mancher ganz ohne Ernährungs- und Beruhigungssauger aus seinen verlängerten Vorderextremitäten zu saugen versteht.

(Gekürzt aus: *Die Weltbühne* XXXVI/15 vom 14. April 1981)

So viel Ironie war erlaubt. Die Satirezeitschrift *EULENSPIEGEL* lebte zu einem Gutteil davon. Sie und *DAS MAGAZIN* haben überlebt – im Gegensatz zu fast allen anderen Zeitungen und Zeitschriften des Landes, von *Bummi*, *Frösi (Fröhlich sein und Singen)*, *ABC-Zeitung* und *Trommel* bis zur beliebten *Wochenpost*, *NBI*, *Für Dich* (das Organ des *Demokratischen Frauenbundes DFD*) und *Freien Welt*. *Der Sonntag* heißt nach etlichen Häutungen *Freitag*. Viele der *bezirklichen Parteiorgane* haben mit dem Besitzer den Titel gewechselt und veranstalten keine *Pressefeste* mehr. Die Jugendzeitschrift *Start*, der Berliner *Nachtexpress* und manch anderes Blatt waren lange vorher auf der Strecke geblieben – wie so vieles andere in vier Jahrzehnten.

Der *Dienst für Deutschland*, ein paramilitärischer Arbeitsdienst, verschwand so ruhmlos wie die *Kadettenanstalt* der DDR in Naumburg. *Wattfraß* (analog zu Kohlenklau aus der NS-Zeit), *Jugendkommuniqué* und *Neuer Kurs* gerieten ebenso in Vergessenheit wie die *Großbauten des Kommunismus* aus dem Russischunterricht. Statt von der *Chemisierung* versprach man sich eine Zeitlang Wunderdinge von der anfangs bekämpften *Kybernetik* und der *Systemanalyse*, womit allerdings nicht das sozialistische System gemeint war. *Die Lauf-dich-gesund-Bewegung (Jedermann an jedem Ort einmal in der Woche Sport)* entschlief, und die *Arbeiter- und Bauerninspektion (ABI)* war längst in Bedeutungslosigkeit versunken.

Von den Kunststoff- und Textil-Produkten *Duroplast*, *Dederon*, *Spezitex*, *Malimo*, *Wolpryla*, *Regan* und *Grisuten* hört und liest man nichts mehr. Was *Mondos* (Kondome), *Redukal* (griesartige Masse zur Gewichtsreduzierung) und *Faustan* (Beruhigungs- und Schlafmittel) waren, weiß jeder ehemalige DDR-Bürger, der im Kino Filme in *Totalvision* sah. Nur jene rätselhafte Aufschrift an einer Autobahnbrücke werden wir nie mehr entschlüsseln: *Trusioma – dein treuer Begleiter von Zentrix*.

Gaubt man Nachwende-Veröffentlichungen, so entfallen die meisten spöttischen Benennungen auf den Trabant (von *Asphaltblase* bis *Rennpappe* oder *Rundgelutschter*) und andere Kraftfahrzeuge (z. B. *Ceaucescus letzte Rache*, *Rostquietsch* für Moskwitsch, *Zappelfrosch*, *Kremlkehrmaschine*, *Contergan-Wolga* oder *kleinster Panzer der Welt* für den sowjetischen Kleinwagen Saporoshez), den *Palast der Republik* (*Ballast d. R.*, *Erichs Lampenladen* u. Ä.), die *Waldsiedlung Wandlitz* (*Honnywood*, *Bonzo- oder Volvograd*, *Kleinspitzbartshausen*), den Berliner Fernsehturm (*St. Walter*, *Protzkeule*, *Renommierpimmel* oder *penis socialisticus erectus*), das SED-Parteiabzeichen (*Existenzellipse*, *Märchenauge*, *entscheidende drei Gramm am Revers*, *Kannibalenabzeichen mit den abgehackten Händen*) und das *Ministerium für Staatssicherheit*. Dass *Agitatoren* bewusst mit Alligatoren und *Propagandisten* mit Propangaskisten (gemeint waren eben *rote Flaschen*) verwechselt wurden und der Weihnachtsmann zum *Jahresendmann* mutierte, erscheint heute kaum noch komisch. *Bonzenschleuder* hießen sowohl die Staatskarossen der *Repräsentanten* wie die Züge des keineswegs besonders schnellen *Städteschnellverkehrs*, während der *Sputnik* (ein beinahe universell verwendetes Wort) auf dem zur Umgehung West-Berlins gebauten *Güteraußenring* verkehrte.

Gerne wurden Redewendungen oder Titel verballhornt. Aus dem *Sport- und Erholungszentrum (SEZ)* machten die Berliner ein *Sachsen-Eingewöhnungs-*

Zentrum für die ungeliebte *Fünfte Besatzungsmacht*. Da *blieb einem nichts Walter Ulbricht*, als von *Sodom und Gomulka* (polnischer Politiker) und *Maximus-Lenimus* zu sprechen. Im Theater wurde aus dem *Gegenwartsstück* «Terra incognita» *Terror incognito*, aus Majakowskis «Mysterium Buffo» ein *Ministerium Buffo*, und das Schauspiel «Golden fließt der Stahl» geriet treffend zu *Golden fließt der Stuhl.*

Wie der Westen mit den Späßen seiner (im Osten gut bekannten) Größen Otto und Loriot lebte, besaß die DDR mit Herricht & Preil, Eberhard Cohrs und Helga Hahnemann ihre vielzitierten Komiker. Die Nachwirkung von Manfred Krugs Sostschenko-Interpretation *Die Kuh im Propeller* hält bis heute an: *Das Flugwesen, Genossen Bauern, es entwickelt sich …*

Die einschlägige Literatur nennt noch eine Vielzahl von DDR-Spezifika, die inflationäre Vorsilbe *Inter-* beispielsweise oder Wendungen wie *einen Kopf machen*, *nicht aus der Knete kommen*, *ein Fass aufmachen* und *ein Ding an der Murmel. Pressluftschuppen*, *Kernkraftwerk* (statt Atomkraftwerk) und *Staatsbürgerschaft* (statt Staatsangehörigkeit), ja selbst harmlose Wörter wie *Betriebsvergnügen* oder *Eingabe* (statt Petition) sind DDR-typisch. Unstrittig begeisterten sich Kinder für die *Bastelstraße* im *Pipala (Pionierpalast)* und besaßen zu Hause eine *Pico-Eisenbahn*, und ebenso unstrittig lassen sich aus weiteren DDR-Vokabeln *ideenreiche* Nonsens-Sätze erster Güte fabrizieren: *Eng verbunden, vertrauensvoll und zum Wohle des Volkes ringen wir im schöp-*

ferischen Meinungsaustausch um die beschleunigte Erfassung der Kennziffern im Fehlerlimit der bilanzierten Normerfüllung ...

Es gab eine ganze Reihe von Wörtern, deren öffentlicher Gebrauch allenfalls in abwertendem Sinn möglich war: Landsmannschaft (der *ewig-gestrigen Revanchisten*) und alle Verbindungen mit der Vorsilbe *West*: *-auto*, *-besuch*, *-fernsehen*, *-geld*, *-goten* (für Westdeutsche), *kaffee*, *-kontakt*, *-mensch*, *-paket*, *-reise*, *-rente*, *-schmöker*, *-schokolade*, *-seife*, *-verwandte* und *-zeitungen*. Auch Reiseerleichterung war so ein Westwort. Als tabu galten Zone, Mauertote und der 17. Juni als Volks- oder Arbeiteraufstand, ja überhaupt jeder andere Ausdruck dafür als *konterrevolutionärer* oder *faschistischer Putschversuch*. Gewagte Begriffe wie Repression, totalitär, Reformkommunismus oder Dissident kamen nicht vor, *Diktatur* war als die *des Proletariats* Staatsdoktrin. *Gerontokratie* war mit einem Tabu belegt, obwohl jeder den ersten Tagesordnungspunkt des für 1991 geplanten XII. Parteitags der SED kannte: *Das Politbüro wird hereingetragen*. In Anlehnung an die Warnung der '68er im Westen, keinem über dreißig zu trauen, lästerten *Andersdenkende*: *Trau keinem unter achtzig*.

Wenn es mal anders kommt war ein Spruch aus der NS-Zeit, an den bis zum Herbst '89 kaum jemand glaubte, bis die Teilnehmer der Leipziger *Montagsdemonstration* feststellten: *Wir sind das Volk!*

Literaturauswahl

Behling, Klaus/Eik, Jan: Vertuschte Verbrechen, Leipzig 2007.

Der große Duden, Leipzig 1977.

Eik, Jan: Besondere Vorkommnisse, Berlin 1995, 2006.

Eik, Jan/Behling, Klaus: Verschlusssache, Berlin 2008.

Geschichtliche Zeittafel der DDR, Berlin 1960.

Hacks, Peter: Die Maßgaben der Kunst, Berlin 1978.

Im Dienste der Partei – Handbuch der bewaffneten Organe der DDR, Berlin 1998.

Kleines politisches Wörterbuch, Berlin 1967.

Müller-Enbergs u. a. (Hg.): Wer war wer in der DDR, Bonn 2001.

Reiher, Ruth/Baumann, Antje: Vorwärts und nicht vergessen, Berlin 2004.

Röhl, Ernst: Wörtliche Betäubung, Berlin 1986.

Schlosser, Horst Dieter: Die deutsche Sprache in der DDR zwischen Stalinismus und Demokratie, Köln 1990.

Die Sicherheit – Zur Abwehrarbeit des MfS, 2 Bd., Berlin 2002.

Suckut, Siegfried (Hg.): Das Wörterbuch der Staatssicherheit, Berlin 1996.

Wolf, Birgit: Sprache in der DDR, Berlin/New York 2000.

Wörterbuch der Ökonomie des Sozialismus, Berlin 1967.